인성교육,
숲에서 길을 찾다

조규성 지음

교육아카데미

머리말

지난 몇 년간 틈틈이 학술지 등에 발표했던 글들을 모아 보았다. 주로 숲과 관련된 이야기를 수집하고 그 이야기에 담긴 교육적 의미를 발견해 보려는 시도들이다.

'유아와 숲교육'은 세 편의 동화작품에서 드러나는 유아와 나무의 관계맺음의 의미를 분석하였다. '어린이와 숲교육'은 아이들이 숲에서 무엇을 어떻게 배우는지를 초등학생들의 이야기 분석을 통해 밝히고자 하였다. '청소년과 숲교육'은 숲교육 청소년단체 교사들이 인식하는 숲교육 활동의 현황, 효과, 개선점 등을 포커스그룹인터뷰를 통해 분석하였다. '성인과 숲교육'은 6명의 숲해설가를 인터뷰한 대학생들이 숲해설가의 이야기를 다시 이야기하는 과정을 거치면서 그들의 이야기에 담긴 의미를 발견하고자 하였다. '인성과 숲교육'은 산림청에서 양성하는 산림교육 전문가를 위한 표준교재에 수록된 글의 일부이다. 인성교육의 개념 및 필요성, 인성의 발달단계, 숲을 통한 인성교육 현황 등을 소개하였다.

이러한 작업을 할수록 나는 하나님이 창조하신 자연과 숲이 하나님의 본성인 사랑을 가르치고 배우기에 참 좋은 장소라는 확신을 가지게 된다. 이 책이 숲을 통해 사랑을 가르치고 배우고 실천하고자 하는 분들에게 도움이 되기를 기도한다.

2017년 5월

저 자

목 차

CHAPTER 3. 청소년과 숲교육

CHAPTER 4. 성인과 숲교육

CHAPTER 5. 인성과 숲교육

프롤로그

숲이 들려주는 이야기

태초에 하나님이 천지를 창조하셨다. 하나님이 가라사대 빛이 있으라 하시니 빛이 있었고 그 빛이 하나님이 보시기에 좋았더라.(창세기 1장 1~4절)

태초에 말씀이 계시니라. 이 말씀이 하나님과 함께 계셨으니 이 말씀은 곧 하나님이시니라. 그가 태초에 하나님과 함께 계셨고 만물이 그로 말미암아 지은 바 되었으니 지은 것이 하나도 그 없이는 된 것이 없느니라. 그 안에 생명이 있었으니 이 생명은 사람들의 빛이라.(요한복음 1장 1~4절)

숲은 이야기를 한다. 숲은 이야기를 가지고 있다. 가지고 있는 것이 속에서 물들대로 물들어 버리면 바람이 불 때, 새가 울 때, 꽃이 필 때, 더 이상 머금지 못하고 그만 뱉어낸다. 그 이야기는 오랫동안 살아온 노인의 이야기처럼 항아리 속의 곰삭은 장맛을 닮은 지혜를 담고 있어서, 해묵은 상처를 치유하고, 닫힌 입에서 노래를 부르게 하며, 잊혀졌던 이야기를 나누게 하는 것이다. 그래서 우리는 숲의 이야기를 들으러 가끔씩 바람이라도 된 듯 자연으로 떠난다.

이야기는 힘이 있다. 이야기는 힘이 세서 끊어진 관계를 회복시키고 막혀진 벽을 허문다. 오랫동안 세월의 골방에 처박혀 울던 상처까지도 보듬어 준다. 때로는 나도 몰랐던 내 안의 지혜를 들어 올려 기쁨의 강으로 흐르게 한다. 그렇게 이야기는 흐르고, 이야기처럼 흐르는 것들은 생명력이 있다.

숲의 이야기를 들은 사람들은 숲의 이야기를 알고, 숲의 이야기를 알고 있는 사람들은 숲의 이야기를 할 수 있다. 숲의 이야기를 들은 사람들이 적은 탓에 요즘에는 숲의 이야기를 하는 사람도 적은 것 같다. 특히 아이들은 더욱 그렇다.

에드워드 윌슨(1984)은 인류에게는 바이오필리아가 있다고 주장한다. 인간의 본성에는 생명에 대한 사랑, 자연을 사랑하는 마음이 있다는 이야기이다. 그런데 요즘 아이들은 점점 더 자연과 접할 기회가 적어지고 있다. 자연과 접할 기회가 적어질수록 생명에 대한 사랑은 점점 희박해진다. 아이들은 자연에 대해 이야기할 기회를 잃어버리고 있다.

아이들에게, 청소년들에게, 일상에 지친 사람들에게 숲에 대해 이야기할 기회를 주고, 그들이 들려주는 숲의 이야기를 들어 보자. 귀를 기울여 보자. 숲이 들려주는 이야기에….

CHAPTER 1

유아와 숲교육

내가 살던 107동 아파트 입구에서 가장 가까운 쪽 화단에는 산수유나무가 있었다. 어느 퇴근길에 빨갛게 익은 산수유 열매가 눈에 띄었다. 나는 열매를 몇 개 따서 4살 된 아들 재현이에게 주었다. 재현이는 열매를 손에 놓고 꽤 오랫동안 장난을 치며 좋아했다. 그날 이후 재현이와 함께 아파트 화단을 지날 때마다 우리의 시선은 산수유나무로 가곤 했다. 그 나무에 노란 꽃이 피어났던 어느 봄날에는 산수유나무를 함께 바라보며 그 때 그 빨간 열매 이야기를 하기도 했다. 나는 재현이가 빨간 산수유 열매, 노란 산수유 꽃을 보면 아빠인 나를 생각해 주길 바란다. 내가 빨간 달리아꽃을 보면 나의 아버지를 떠올리듯이.

많은 우리의 아이들이 유년 시절 한 그루 나무를 떠올리며 오래오래 기쁨과 위로와 사랑을 이야기할 수 있기를 소망해 본다.

유아와 나무의 관계맺음의 의미[1)]

1. 유아는 자연을 어떻게 경험하는가

유아기는 인간의 전 생애에서 매우 중요한 시기이다. 이 시기에 주변의 어떤 환경을 접하고 경험했느냐가 그 사람 평생의 삶에 영향을 끼친다(박경희, 2005). 유아들은 성인과는 다른 방식으로 세상을 지각하고 사고한다(권준모, 2005). 인지발달 단계상 전조작기의 직관적 사고기에 해당하는 시기의 유아들은 사물에 대하여 많은 호기심과 의문을 나타내며 이성적인 사고보다는 직관적인 사고에 기초하여 사물을 인식한다. 타인의 관점에서 사물을 이해할 수 없는 자아중심적 사고를 하며, 생명이 없는 대상에게 생명과 감정을 부여하는 물활론적인 사고를 하고, 꿈을 실제 있는 것으로 생각한다(유재봉 · 최승희, 1991).

유아들은 어린 시절에만 경험할 수 있는 특별한 방법으로 자연과 관계를 맺는다(Borin, 2005). Nevers & Billmann-Mahecha (2003)는 아이들은 정서적인 감정을 나무에 부여하지만 나이가 먹어감에 따라 이런 능력은 감소한다고 하였다. Coles(1990)는 아이들이 자연을 이해하고 관계를 맺는 것뿐만 아니라, 정서적 경험을 하고 있음을 발견했다. Teasdall(1999)은 유년기에 자연과 보낸 시간을 보면 그 사람을 정신적으로 깊이 이해할 수 있

1) 조규성(2015)에 게재된 글의 일부를 수정하였음.

다고 하였으며, Kals & Ittner(2003)는 아이들과 자연의 직접적인 경험은 자연에 대한 친근감을 촉진시키며, 나이를 먹어서도 이를 확인할 수 있다고 하였다.

유아들이 어른들과는 다른 방법으로 자연과 관계를 맺는다면 그 체험의 양상과 의미는 무엇일까? 이 글에서는 질적 연구 방법 중 현상학적 접근을 통하여 유아가 자연과 맺는 관계의 본질을 확인하고 이해하고자 하였다.

질적연구 방법론은 개별 경험에서 출발하여 경험의 본질에 도달하고자 한다. 연구 대상자의 관점을 이해하고 연구 대상자의 체험 이야기를 통해 그 세계와 경험 현실을 해석 · 재구성하는 방법론이다(이희영, 2005). 따라서 '체험 이야기'를 연구 자료로 하며, 과학적 분석이나 설명이 아닌 이해와 해석을 통해 접근한다.

그런 관점에서 볼 때 문학작품은 현상학적 탐구의 귀중한 자료가 된다. 문학은 언어를 매개로, 즉 언어적 상상력으로 있을 법한 인간의 삶을 다룬다. 문학은 인간의 삶의 문제들을 정면으로 솔직하게 문제 삼으며 삶의 일상적인 표층성을 초월하기 위한 물음을 부단히 지속시켜 준다(홍계숙 · 유혜령, 2001). 그래서 "문학이나 시 혹은 다른 이야기 형식들(story forms)은 현상학자가 실천적인 통찰을 증가시키기 위해 주목할 수 있는 경험들의 샘으로 쓰인다. 이야기는 있을 수 있는 인간 경험들을 제공해 주며, 우리가 정상적으로는 경험하지 못할 상황, 느낌, 감정, 사건 등을 경험할 수 있게 해 준다. 이야기는 우리의 마음을 인간적인 방식으로 끌어들이며, 우리를 허구적이든 현실적이든 간에 체험한 삶으로 되돌아가게 하는 예술적 장치이다. 따라서 훌륭한 소설을 통해 우리는 인간 조건의 특정한 측면들에 대한 통찰을 획득할 기회를 갖게 된다"(van Manen, 1990:98).

2. 동화 속 유아와 나무

이 글은 장은정(2005)의 『무화과나무가 있는 집』, Vasconcelos(2002)의 『나의 라임오렌지 나무』, 정채봉(2000)의 『푸른 수평선은 왜 멀어지는가』 등 세 편의 동화작품에 등장하는 유아와 나무의 관계를 밝히고자 하였다.

『무화과나무가 있는 집』은 문예창작과 석사학위 논문의 본론 부분에 해당하는 창작 동화이다. 주인공 종희의 5살부터 9살까지의 이야기로, 종희가 성장하면서 자아정체성을 찾아가는 과정을 그린 성장 동화이기도 하다. 조숙하면서도 호기심이 많은 종희가 6살 때 아빠의 사업실패로 셋방살이를 하게 되면서 이야기가 시작된다. 새로 이사한 집에서 오래된 무화과나무를 발견한 종희는 무화과나무 구멍 안에서 슬픔을 삭이며 위안을 받곤 한다. 주인 집 딸인 영숙이는 종희와 대립되기도 하지만 결국에는 무화과나무를 매개로 서로 화해하는 인물이다. 부모의 불화로 상처를 받고 친구들의 따돌림을 당하기도 하는 영숙이 역시 무화과나무를 '보바'라 부르며 내면의 소통을 한다.

『나의 라임오렌지 나무』는 브라질 작가인 Vasconcelos의 대표적 작품이다. 세계 각국에 번역되어 널리 읽히고 있는, 잘 알려진 성장소설이다. 감수성이 예민한 5살 소년 제제를 통해 사랑의 문제, 인간 비극의 원초적인 조건, 인간과 사물 또는 자연의 교감, 어른과 아이의 우정 등을 잔잔한 어조로 이야기하고 있다. 제제 역시 아버지의 실직으로 이사를 가게 된 집 뒤뜰에 있는 작은 라임오렌지 나무를 통해 위로와 기쁨을 얻으며 성장해 간다.

『푸른 수평선은 왜 멀어지는가』는 동화작가 정채봉이 발표한 유일한 장편동화이다. 주인공 박계수는 '계수나무'라는 별명으로 더 자주 불리는 아이로, 7살 때 외할머니를 떠나 아버지의 고향인 배들이 마을에 오게 된다. 모든 생명체에게 "안녕"을 외치고 풀과 새와 구름과 대화하는 계수는 어른의 눈으로 보기에는 엉뚱하기도 하고 말썽꾸러기이기도 하지만, 생각하는 것이 깊고 솔직해서 결코 미워할 수 없는 아이이다. 특히 계수는 은밀한 이야기도 털어놓을 수 있는 한 그루의 매화나무 그루터기 친구를 가지고 있는데, 이 매화나무는 작품의 이야기 구성을 지탱하는 역할도 하고 있다.

세 편의 작품들은 모두 인간 보편의 진실을 추구하는 상징적인 문학인 '동화'라는 장르 양식을 취하고 있으며, '성장 이야기'라는 공통점을 가지고 있다. 성장 이야기란 미성숙한 주인공이 어떤 경험을 통하여 성숙의 세계로 나아가는 과정을 형상화한 작품을 말한다. 이런 작품에는 공통적으로 어린 주인공이 그의 앞에 준비되어 있는 시련과 고통의 문턱을 넘어 세상에서의 자기정체성과 역할을 깨달아 가는 내용이 중심을 이룬다. 즉 유아가 성인이 되어가면서 겪게 되는 내면적 갈등과 정신적 성장, 그리고 세계의 주체로서 정립되는 각성의 과정을 주로 담고 있는 작품들이다(장은정, 2005).

3. 체험의 본질 속으로

체험은 현상학적 탐구의 출발점이자 종착점이다. 현상학적 탐구의 본질은 생활세계에서 드러나는 현상적 체험의 의미를 밝히는 데 있다. 현상학적 탐구에서 강조되는 것은 언제나 체험의 의미이다. 현상학적 탐구의 초점은 인간 경험의 어떤 측면의 의미나 의의를 인간 경험의 전체의 맥락 속에서 더 깊이 이해할 수 있기 위해 다른 사람들의 경험과 그에 관한 그들의 반성을 '빌리는' 것이다. 우리가 '이 아이', '이 청소년', '이 성인'의 특수한 경험에 관심을 갖는 이유는 우리가 그러한 경험을 통해 '형성되거나(in-formed)' 풍부해짐으로써 경험의 의미를 충분히 이해할 수 있기 때문이다. 현상학적 탐구의 주제는 본질적으로 인간적인 경험으로서의 이러한 현상의 본질이 무엇인가 하는 물음을 던지는 것이다(van Manen, 1990). 이 글은 유아가 자연과 맺는 관계의 본질을 확인하고 이해하고자 하는 노력의 일환으로 시도되었으며, 문학작품 분석을 통한 현상학적 접근으로 유아가 한 그루의 특별한 나무와 관계 맺는 의미와 본질을 밝히고자 하였다.

절차는 van Manen(1990)이 제시하는 현상학적 체험연구 단계를 따랐다. 첫 번째 단계는 '이 현상은 정말로 어떠한 것인가?'를 묻는 단계로서, 체험의 본질을 묻는 현상학적 질문의 단계이다. 현상학적 탐구는 내부자적 관점에서 진행된다. 나는 숲교육 연구자로서, 교사로서, 한 아이의 아버지로서, 아이들이 숲에서 뛰놀고 배우는 모습을 자주 접하는 동안 아이들이 자연과 맺는 관계의 본질과 의미에 대해 특별한 관심을 가지게 되었다. 이 과정에서 장은정의 『무화과나무가 있는 집』을 우연히 읽게 되었는데, 이 경험은 이 연구를 본격적으로 시도하게 된 계기가 되었다. 이 작품은 주인공 유아가 이사 간 집 마당에 있는 한 그루의 무화과나무와 관계맺음을 통해 차츰 성장해 가는 모습을 그린 성장 동화인데, 특히 주인공 유아가 한 그루 나무와 관계를 맺는 이야기를 작품을 이끌어 가는 중심 모티브로 사용하고 있어서 나의 연구 관심을 자극하였다.

장은정의 『무화과나무가 있는 집』과 유사한 중심 모티브를 가진 동화작품이 더 있는지 본격적으로 찾아보게 된 것은 van

Manen(1990)이 제시한 체험연구의 두 번째 단계에 해당한다. 이 단계는 탐구하고자 하는 현상의 포괄적 이해를 위해 다른 형태의 자료들(관용어구, 문학 및 예술작품 등)을 수집하는 단계이다. 문학작품이나 예술작품 등은 생활세계의 의미 구조를 파악하기 위한 방법론적 장치의 하나이며, 특히 인터뷰 등에 제약이 있는 아이들의 생활세계를 파악하는 데는 더욱 효과적인 장치라고 할 수 있다(김애령, 2009). 이 단계에서 나는 한국교육학술정보원 사이트(www.riss.kr)와 동대문구 정보화도서관, 금천구 금나래 도서관, 광명시 하안도서관 등의 어린이 도서관을 2개월여에 걸쳐 수차례 방문하여 '성장 동화, 나무'를 키워드로 검색하였고, 그 결과 유아가 자연이나 나무와 특별한 관계를 맺는 것을 중심 모티브로 하는 두 편의 작품을 추가로 발견하였다.2) 이러한 과정을 통해 최종적으로 장은정의 『무화과나무가 있는 집』과 함께 Vasconcelos의 『나의 라임오렌지 나무』, 정채봉의 『푸른 수평선은 왜 멀어지는가』 등 세 편의 작품을 연구 자료로 선정하였다3).

세 번째 단계는 경험 이야기 텍스트를 수집하여 그것의 내용을 분류하고, 주제 진술을 분리하여 정리하는 본질적 주제 추

2) 이 작품들 외에 생텍쥐페리의 『어린왕자』, 쉘 실버스타인의 『아낌없이 주는 나무』 등의 작품을 연구 자료로 고려해 보았으나, 『어린왕자』의 경우 유아와 나무의 이야기가 전체 작품의 중심 모티브는 아니라는 점에서, 『아낌없이 주는 나무』의 경우 매우 짧은 분량 안에 유아 때부터 노인이 되었을 때까지 한 인간의 일생 전체를 다루었다는 점에서 최종 선정 과정에서 연구 대상에서 제외하게 되었다.

출의 단계이다. 내용 분류 및 주제 진술 분리는 van Manen (1990)이 제시한 주제 분석 방법 중 선택적 글 읽기 방법을 따랐다. 선택적 글 읽기 방법이란 한 텍스트를 여러 번 경청하거나 읽고 어떤 진술이나 어구가 기술되고 있는 현상이나 경험과 관련해 특히 본질적이거나 폭로적으로 보이는가를 묻고, 이 진술들에 동그라미를 그리거나 밑줄을 긋거나 강조 표시를 하는 방법으로 주제적 측면을 드러내거나 고립시키는 방법이다.

마지막으로 네 번째 단계는 그 결과를 글로 쓰는 해석학적 현상학의 글쓰기 단계이다. 글쓰기는 우리가 무엇을 알고 있는지, 우리가 알고 있는 것을 어떤 식으로 알고 있는지 가르쳐 준다. 현상학의 목적은 체험의 본질을 포착해 텍스트로 표현하는 것인데, 이때 텍스트는 의미 있는 어떤 것 즉, 독자를 그 자신의 체험 안에서 힘차게 살아 움직이게 하는 관념을 반사적으로 되살리는 것(re-living)이자 반성을 통해 점유하는 것이다(van Manen, 1990). 이 단계에서는 분석 과정에서 도출된 결과들을 기존의 현상학적 문헌들의 결과와 관련지으면서 유아가 특별한 관계를 가진 한 그루 나무와 나누는 체험의 의미와 본질을 찾아내는 데 주력하였다.

4. 공간성, 시간성, 관계성, 신체성

현상학적 주제는 경험의 구조라고 볼 수 있다. 이를테면 현상을 분석할 때 우리는 그 주제가 무엇인지, 그 경험을 이루고 있는 경험적 구조가 무엇인지를 규명하려고 한다(van Manen, 1990). 분석과정에서는 네 개의 기본적인 생활세계 실존체(existentials), 즉 공간성, 신체성, 시간성, 관계성에 집중하여 이러한 현상학적 체험들을 찾아내고 그 의미를 파악하는 반성의 길잡이로 활용하였다.

'공간성'은 현상학적으로 경험된 공간(lived space)의 개념으로서, 주관적으로 느끼는 공간 개념이다. 갑자기 큰 빌딩에 들어갔을 때 나 자신이 작게 느껴진다거나, 바쁜 도시, 낯선 거리를 걸을 때 느끼는 '길을 잃은 것 같은 느낌(lostness)', '이방인이 된 느낌(strangerness)'처럼 어떤 공간, 상황에서 내가 자신에 대해 발견하게 되는 공간적인 느낌을 의미한다(van Manen, 1990). 어떤 공간에 대한 개인적인 경험은 모두 상이하며, 동일한 공간임에도 함께 체험하고 시간을 공유한 사람들과 그 당시의 개인적 생각에 따라 그 공간은 다른 느낌으로 다가오기 마련이며, 다양한 모습들로 각자의 기억 속에 존재하게 된다(권영숙, 2013).

'시간성'은 현상학적으로 경험된 시간(lived time)의 개념으로서, 시계가 나타내는 시간이나 객관적 시간이 아닌 주관적 시간(subjective time)을 의미한다. 마치 내가 좋아하는 상황에서는 시간이 천천히 가는 것 같은 느낌과 같은 것을 의미한다(van Manen, 1990). 객관적 시간과는 달리 인간이 살아가는 동안 순간순간 저마다의 느낌으로 다가오는 주체적 시간, 곧 삶의 시간이다(권영숙, 2013).

'관계성'은 현상학적으로 경험된 관계(lived relation to others)

의 개념으로서, 타자(others)와 공유하는 대인적 공간(interpersonal space)에서 타자들과 유지하는 체험적 관계이다. 누군가와 악수를 한다거나 어떤 감동을 받는 것 등 실제적인 상호작용을 포함하는 개념이다.

'신체성'은 현상학적으로 경험된 신체(lived body)의 개념으로서, 우리가 언제나 세계 속에 신체적으로 존재한다는 현상학적 사실을 가리킨다(van Manen, 1990).

현상학적 체험을 발견하는 데 집중하면서 자료를 읽고 분석하는 과정에서 의미들은 핵심 단어와 핵심 문장으로 드러났다. 핵심 문장들은 다시 현상학적 체험의 네 가지 구조에 따라 분류하였으며 이후 각각의 현상학적 의미들을 집중적으로 탐색하였다.

1) 공간성

문학작품에서 유아는 특별한 관계를 맺은 한 그루 나무를 '위로받고 회복되는 공간', '호기심과 상상을 불러일으키는 공간', '변화하고 성장하는 공간' 등 현상학적 공간으로 체험하였다.

(1) 위로받고 회복되는 공간

나무에게 오면 아이들의 '슬픔은 날아간다'. 나무는 친구같이, 엄마같이, 아이들을 위로하고 아이들을 회복으로 이끈다.

『무화과나무가 있는 집』에서 무화과나무는 종희를 위로해준다. 집안 형편이 어려워져서 '무화과나무가 있는 집'으로 이사 오게 된 날, 슬픔에 잠긴 종희가 찾은 곳은 "내 몸이 쏙" 들어가는 무화과나무 구멍이었다. 그 이후로도 '엄마의 뱃속' 같이 따뜻한 그곳에서 종희는 위로받고 새 힘을 얻곤 한다.

> 나는 뒤로 돌아 살짝 그 구멍에 가만 기대며 앉아보았다. 내 몸이 쏙 들어갔다. (중략) 갑자기 눈물이 나왔다. 나는 입술을 깨물었다. 이제 울어도 소용없다. 나는 이제 씩씩해져야 한다.
>
> <'무화과나무가 있는 집'에서>

무화과나무는 '위로의 장소'인 동시에 '화해의 장소'이기도 하다. 종희와 영숙이 언니는 무화과나무에서 '슬픔이 날아간다'라는 노래를 함께 부르면서 마음을 열고 서로를 받아들이게 된다. 이들에게 무화과나무는 "슬픔이 날아가 하늘에 박히고", "슬픔에 잠 깬 별들이 달려 나와 우리 마음을 어루만져 주는" 곳이다.

> 영숙이 언니가 오늘은 우는 게 아니라 노래를 부르고 있었다. 나도 아는 '슬픔이 날아간다'라는 노래였다. 나는 언니 노래 소리가 너무나 좋아 가만 듣고만 있었다. 점점 슬픈 언니 목소리에 힘이 생겨났다. 그래서 노래도 아름다운 노래가 되었다. 영숙이 언니는 1절을 부르고 2절 그리고 다시 1절, 2절을 계속해 불렀다. 나는 영숙이 언니 노래 소리에 맞춰 "저 새는 날아간다 / 내 마음도 날아간다. / 슬펐던 마음도 시간 따라 날

아간다." 하고 후렴구를 따라 불렀다.

<'무화과나무가 있는 집'에서>

『나의 라임오렌지 나무』에서 제제는 식구들에게 매를 맞거나 벌을 받았을 때면 라임오렌지나무인 '밍기뉴'를 찾아간다. 그러면 라임오렌지 나무는 제제의 이야기를 귀담아 들어주고 위로해 준다.

"밍기뉴, 오늘 벌써 세 차례나 맞았거든. 알지? 내가 여기 왔다는 건 내가 벌을 받고 있다는 뜻이야." (중략) 밍기뉴는 내가 하는 모든 이야기를 귀담아 들어 주었다. 그러니 어떻게 이야기하지 않을 수 있단 말인가?

<'나의 라임오렌지 나무'에서>

제제가 큰 상심으로 병이 났을 때, 그래서 라임오렌지 나무에게 찾아가지 못하게 되었을 때에는, 라임오렌지 나무가 '창문을 넘어' 제제를 찾아온다. 라임오렌지 나무의 방문과 위로를 받고 난 후 제제는 회복되어 자리를 털고 일어난다.

"들어가도 돼?"

"들어오는 건 괜찮은데 소리 내면 안 돼. 누나가 깨니까."

"깨우지 않겠다고 약속할게."

그가 창문을 넘어왔다. 나는 침대로 돌아왔다. (중략) 밍기뉴가 내 침대 가장자리에 앉았다. 그의 눈은 사랑과 염려로 그득했다. <'나의 라임오렌지 나무'에서>

『푸른 수평선은 왜 멀어지는가』에서도 계수는 슬플 때면 매화나무 그루터기를 찾았다. 할아버지의 회초리를 맞았을 때도, 정부인인 큰엄마의 꼬집음에 팔뚝에 멍이 들었을 때도 "여기에 오면 슬픔이 멈추곤 했기" 때문이다. 고자질을 해도 투정을 해도 '엄마 같은' 매화나무 그루터기는 다정하게 계수의 슬픔을 달래주는 존재이다.

> 그중에서도 이 매화나무 그루터기는 얼마나 다정하였던가. 할아버지의 회초리를 맞았을 때도 어머니의 꼬집음에 팔뚝에 멍이 들었을 때도 여기에 오면 슬픔이 멈추곤 했었지. 고자질을 해도 투정을 해도 하늘거리며 달래 주던 저 매화가지.
>
> <'푸른 수평선은 왜 멀어지는가'에서>

(2) 호기심과 상상을 불러일으키는 공간

상상과 놀이는 유아의 특성이자 유아 그대로의 모습인 새로움에 대한 호기심이며 물활론적인 사고방식의 자연스러운 표현이다. 작품 속에서 나무는 아이들의 놀라운 상상을 불러일으키는 놀이 상대이자 놀이터가 되기도 하고, 때로는 모험과 축제의 장소로 변한다.

『나의 라임오렌지 나무』에서 라임오렌지 나무는 제제가 마음만 먹으면 언제나 "거대한 초록 대평원을 달리는", "세상에서 가장 아름다운 말"이 된다. 이 말에 올라타면 제제의 옷은 금으로 장식된 카우보이 옷으로 변하고 가슴에는 보안관 배지가 번쩍이게 된다. 나무는 제제의 상상 속에서 최고의 놀이터이자 모험 장소이다.

> 바람이 불자 좋은 생각이 떠올랐다.
> "루이스, 사냥놀이 할래?"
> "난 말 못 타는데."
> "곧 클 거야. 그러면 탈 수 있어. 거기 가만히 앉아 있어. 그리고 내가 어떻게 타는지 잘 봐."
> 그러자 밍기뉴는 이 세상에서 가장 아름다운 말로 변했다. 바람이 점점 세졌다. 개울가의 초라한 잡초밭이 거대한 초록 대평원으로 변했다. 내 카우보이 옷은 금으로 장식되어 있었고 가슴에는 보안관 배지가 번쩍였다.
>
> <'나의 라임오렌지 나무'에서>

『무화과나무가 있는 집』에서 무화과나무는 겨울축제를 여는 장소가 되고, "영숙이 언니와 나는 그 축제에 초대된 사람"이 된다. 또한 『푸른 수평선은 왜 멀어지는가』에서 매화나무는 아이들뿐만 아니라 "여인네들이 이 매화나무 밑에 둘러서서 '강강수월래'를 하곤 하던" 동네잔치 자리였다.

> 그러자 무화과나무가 꼭 겨울 축제를 여는 것 같았다. 영숙이 언니와 나는 그 축제에 초대된 사람 같고 말이다.
>
> <'무화과나무가 있는 집'에서>

> 배들이 마을의 한가위
> 동제는 동네잔치이기도 했다. 매화술로 두루두루 한 잔씩

돌리고는 여인네들이 이 매화나무 밑에 둘러서서 '강강수월래'를 하곤 하였다.

"그것은 하늘의 달빛과 바다의 파도소리와 땅의 사람들이 한데 어우러진 한마당이었지."

<'푸른 수평선은 왜 멀어지는가'에서>

(3) 변화하고 성장하는 공간

작품 속에서 나무는 유아가 변화하고 성장하는 장소이며, 새롭게 태어나는 곳이다. 『무화과나무가 있는 집』에서 종희는 무화과나무 구멍 속에 앉아 있곤 한다. 무화과나무의 구멍 속은 "꼭 엄마의 뱃속 같이" 따뜻한 곳이다. 그리고 그곳에서 깜박 잠이 들었다 나오면서 종희는 엄마 뱃속에서 "태어나는 것 같았다"고 말한다. 이 작품에서 무화과나무는 종희를 위로해 주고 쉬게 해 주고 품어 주어 새롭게 태어나게 하는, 엄마 같은 존재이다. 다시 말해, 무화과나무 구멍은 '엄마 뱃속', 즉 생명을 잉태하는 '자궁'으로 상징된다. 모든 아이의 '첫 번째 집'이었던 그 따뜻하고 아늑함 속에서 종희는 모든 슬픔을 위로받고 새로 태어나는 것 같은 느낌을 갖게 된다.

"어디 갔었니? 한밤중이 되도록 안 들어오고." "집에 있었어요." "집 어디? 엄마가 다 찾아봤는데? 뒤뜰에도 없던데." "무화과나무." "뭐, 무화과나무?" "무화과나무 구멍 속에 앉아 있었어요. 그러다가 잠이 들었어요. 엄마, 무화과나무 구멍이 얼마나 따뜻한지 몰라요. 꼭 엄마 뱃속 같아요." 엄마가 웃으셨다. "엄마, 아까 내가 무화과나무 속에서 나오는데 어땠는지 아세요? 내가 꼭 태어나는 것 같았어요. 엄마 뱃속에서 말이에요. 신기하죠?"

<'무화과나무가 있는 집'에서>

나무와 함께 관계 맺으며 시간은 흐르고 유아는 성장한다. 새로운 봄이 왔을 때, 또다시 이사를 가야 하지만 이제 "나는 괜찮다", '나'는 이제 어느 집으로 이사 가든지 우리 집을 좋아할 수 있을 것 같을 만큼 성장해 있기 때문이다.

봄이 왔다. 무화과나무에서 보드랍고 고운 이파리들이 피어나기 시작했다. "누나, 우리 또 이사 가는 거야?" (중략) 나는 빨리 봄이 오길 기다렸다. 하지만 마음 한편에는 이 무화과가 있는 집에서 오래오래 살고도 싶었다. 5층 우리 집에서 오래 살고 싶었던 것처럼. 하지만 이제, 나는 괜찮다. 5층 우리 집을 아주 많이 좋아했지만 이제는 이 무화과나무가 있는 집도 좋아하게 되었으니까. 나는 이제 어느 집으로 이사 가든지 우리 집을 좋아할 수 있을 것 같다.

<'무화과나무가 있는 집'에서>

장편동화「무화과나무가 있는 집」의
작품창작의 실제

Creative Writing Work up Children's Story.
"House with a Fig Tree"

이 논문을 석사학위논문으로 제출함

2005. 12.

단국대학교 대학원
문예창작학과
아동문학 전공
장 은 정

2) 시간성

문학작품에서 유아는 특별한 관계를 맺은 한 그루 나무를 통해 '살아 있는 과거', '꿈꾸는 미래' 등 현상학적 시간성을 체험하였다.

(1) 살아 있는 과거

『푸른 수평선은 왜 멀어지는가』에서 '할아버지와 매화나무의 관계(나무)'는 '계수와 매화나무의 관계(그루터기)'로 대를 잇는다.

"아무렴, 그렇고말고. 자네나 나는 이미 그루터기로 물러나지만, 우리 손자들끼리 어렸을 적의 우리 둘 사이처럼 사이좋게 지낸다는 것은 여간 큰 기쁨이 아니야."

<'푸른 수평선은 왜 멀어지는가'에서>

매화나무를 오랫동안 잊고 살아온 할아버지가 매화나무 그루터기를 손바닥으로 쓸어 주자 그루터기에 원래의 매화나무 등걸이 나타난다. 그 나무 등걸은 할아버지의 기억 속의 매화나무이겠지만 그 때 그 매화나무가 오늘 다시 눈앞에 나타난 것이다. 작품 속에서 어렸을 때 대화를 나누던 나무는 성인이 되어서도 여전히 동심 속에 살아 있어서 어른이 된 아이를 그 때처럼 위로하고 힘이 되어 준다. 그 한 그루 나무는 오늘도 동심의 세계에서 여전히 푸르고 짙은 잎을 드리우며 성인이 된 아이를 응원하고 있는 것이다.

(2) 꿈꾸는 미래

작품 속에서 나무는 아이가 높이 올라가 밖을 보고, 미래를 꿈꾸게 하는 존재이다. 『무화과나무가 있는 집』에서 종희는 올라가 나무에 한 번 앉아보고 싶어졌고, 나무에 앉아 담 너머 밖을 보고 싶었다. 무화과나무에 올라서니 보인 것은 학교다. 여덟 살이 되어 며칠 있으면 학교에 가게 될 종희는 무화과나무에 올라가 선생님을 만나는 상상을 한다. 그렇게 빨리 가고 싶은 곳, 학교를 보게 한 것은 무화과나무다.

올라가 나무에 한 번 앉아보고 싶었다. 5층 우리 집에서 탁자에 앉아 바다를 본 것처럼 나무에 앉아 담 너머 밖을 보고 싶었다. (중략) “어, 학교다?” 학교가 보였다. 며칠 있으면 내가 가게 될 학교다. 이제 나는 여덟 살, 드디어 학교에 간다. 등에 가방을 메고 신발주머니를 흔들며 어엿한 국민학교 일학년이 되어 학교에 가게 되는 거다.

<‘무화과나무가 있는 집’에서>

3) 관계성

문학작품에서 유아는 특별한 관계를 맺은 한 그루 나무를 통해 ‘너는 또 하나의 나’, ‘내가 믿는 건 너뿐’ 등 현상학적 관계성을 체험하였다.

(1) 너는 또 하나의 나

문학작품에서 한 그루 나무는 또 하나의 '나'와 같은 존재이다. 『나의 라임오렌지 나무』에서 병이 난 제제를 위로하러 찾아온 라임오렌지 나무와 제제의 대화는 이를 확인시켜준다.

> "왜 그래, 슈르르까?"
> "슈르르까는 너야, 밍기뉴."
> "그럼 너는 꼬마 슈르르까야. 네가 주던 그 우정을 더 이상 바라면 안 될까?"
>
> <'나의 라임오렌지 나무'에서>

『푸른 수평선은 왜 멀어지는가』에서 계수는 매화나무 그루터기를 엄마와 동일시하고, 매화나무 그루터기에서 올라와 꽃을 피운 아기 가지를 '나' 자신과 동일시하면서, 그루터기 맹아에서 올라온 가지를 꺾으려는 할아버지를 막기도 한다.

> "안돼요, 할아버지. 이 나무로 매를 하면 나는 할아버지한테 항복 안 해요. 죽어도 안 빌어요. 할아버지, 다른 나무로 매를 해요. 지게작대기로 때려도 좋다 할게요."
> "이 녀석이 갑자기 왜 이래?"
> "여기 이 가지에는 꽃이 피었잖아요. 엄마 몸뚱이를 베어 버렸는데두요. 아기가지가 나와서 꽃을 피운 거라구요. 나는 이 꽃가지가 좋아서 하루에 스무 번도 더 보러 다니는걸요."
>
> <'푸른 수평선은 왜 멀어지는가'에서>

그래서 아이에게 나무는 소중한 존재이다. 아이의 세계를 지켜주고 있는 존재인 나무가 잘려진다는 것은 아이의 모든 세계가 파괴되는 것과 같다. 『나의 라임오렌지 나무』에서 또또까 형에게 시청에서 모든 집의 뒤뜰까지 길을 넓히기로 했다는 소식을 전해들은 제제는 아무도 라임오렌지 나무를 자르지 못하게 하겠다고, 자신과 함께 싸워 달라고 애원한다.

그래도 바보처럼 눈물이 흘러내리는 건 어쩔 수가 없었다. 난 형의 허리를 부여잡고 애원했다.

"형은 내 편이 될 거지? 그렇지, 또또까 형? 사람들을 모아서 함께 싸울 거야. 아무도 내 라임오렌지 나무를 자르지 못하게 할 거란 말이야."

<'나의 라임오렌지 나무'에서>

(2) 내가 믿는 건 너뿐

작품 속에서 유아들은 나무와 대화를 한다. 작은 꼬마와 친구가 되고 말도 하게 되어 아이뿐만 아니라 나무도 행복하다.

"딱 하나만 말해줄래? 다른 사람도 네가 얘기한다는 걸 알아?"

"아니, 오직 너만."

"정말?"

"맹세할 수 있어. 어떤 요정이 말해 주었어. 너처럼 작은 꼬마와 친구가 되면 말도 하게 되고 아주 행복해질 거라고 말이야."

<'나의 라임오렌지 나무'에서>

그런데 말을 할 수 있는 것은 다른 사람들은 아니다. "오직 너", 주인공 유아만 '그 한 그루'의 나무와 대화를 나눌 수 있다. "내가 믿는 건 너뿐"이기 때문이다. 둘만이 대화가 가능하기에 둘만의 비밀을 간직할 수 있게 된다. 『푸른 수평선은 왜 멀어지는가』에서 비밀을 갖게 된 계수는 "바위처럼 무거운" 비밀을 안고서 매화나무에게로 온다. 계수가 믿는 건 "오직 너(매화나무)"뿐이다. 유아에게 나무는 그런 존재다. 믿을 수 있는 존재, 비밀을 털어놓을 수 있는 존재. 그래서 마음의 무게를 덜어주는 존재이다.

> "대답하지 않아도 좋아. 내가 다 말할 테니까, 들어 봐. 나한테 비밀이 생겼어. 그래서 너한테 살짝 털어 놓으려고 온 거야. 비밀을 나 혼자만 가지고 있으니까 무거워 죽겠어. 누구한테고 귀띔해 놓으면 훨씬 가볍겠는데…"
>
> 나는 무릎걸음으로 매화 그루터기 가까이 다가갔다.
>
> "내가 믿는 건 너뿐이야. 너한테만 살짝 말할게. 순애 삼촌이 군에서 도망 나왔어."
>
> <'푸른 수평선은 왜 멀어지는가'에서>

『무화과나무가 있는 집』에서 영숙이 언니는 무화과나무를 '보바'라고 부르며 나무 위로 올라가 아빠가 오늘 또 술을 많이 마시고 오시고 아빠랑 엄마가 또 싸웠다면서 울면서 하소연을 한다. 한편, 종희는 무화과나무 구멍 속에 있다가 영숙이 언니의 비밀을 알게 되는데, 결국 작품 속에서 무화과나무는 종희와 영숙이 언니가 서로의 비밀을 알게 되면서 서로를 이해하게 되는 매개체가 된다.

> 영숙이 언니 부엌 쪽에서 우는 소리가 들렸다. 영숙이 언니 목소리다. 영숙이 언니가 울며 부엌에서 나오는 소리였다. 나는 얼른 무화과나무 구멍 속으로 숨었다. 그리고 영숙이 언니가 지나가길 기다렸다. 그런데 영숙이 언니가 울면서 무화과나무 위로 올라가는 것 같았다. "아빠가 오늘 또 술을 많이 마시고 오셨어." 영숙이 언니가 울면서 하는 말이 들렸다. "아빠랑 엄마가 또 싸웠어. 왜 우리 아빠랑 엄마는 만나기만 하면 싸우는 걸까?" 영숙이 언니는 옆에 누가 있는 것처럼 말했다. 나는 너무 놀랐다. 영숙이 언니가 울 거라고는 한 번도 생각해 본 적이 없는데 지금 영숙이 언니가 울고 있는 것이다. "보바야, 난 아빠가 술 마시면 차라리 집에 안 오셨으면 좋겠어." 나는 알면 안 되는 영숙이 언니 비밀을 알아버린 것 같아 가슴이 두근거렸다. 여기 있으면 안 될 것만 같았다. '영숙이 언니 울지 마. 응?' 나는 무화과나무 구멍에 쪼그리고 앉아 영숙이 언니가 제발 눈물을 그치기를 기다렸다.
>
> <'무화과나무가 있는 집'에서>

『푸른 수평선은 왜 멀어지는가』에서 계수가 배우고 싶은 것은 "자연이나 짐승들하고 얘기할 수 있는 말"인데, 계수의 학교 선생님은 매화나무와 대화한다는 계수를 이해하지 못하고 오히려 수업에 방해가 된다며 할아버지를 학교로 부른다. 생태맹의 극복은 21세기 교육이 인류에 기여해야 할 사명이라는

Orr(1992)의 주장처럼 "자연의 책을 읽을 수 있는 진짜 공부"를 하게 해 주는 나무는 아이가 믿고 따르는 제일 좋은 선생님인 것이다.

> 나는 언젠가 국어 시간에 선생님한테 물었다.
> "선생님, 사람하고 통하는 이 글 말고 풀들이나 새들하고 통하는 소리 좀 가르쳐 줘요."
> "뭐하고 통하고 싶다고?"
> "풀들, 나무들, 새들하고요." (중략)
> 오오, 그러자 보라. 엷은 구름 속으로 달이 들어가면서 비어진 희부연 물안개 같은 빛살을 받아 매화나무의 본 모습이 나타나는 게 아닌가.
> "계수나무야, 네 말이 옳다. 진짜 공부는 자연의 책을 읽을 수 있어야 하는 것이다. 풀 한 포기, 꽃 한 떨기, 모래알 하나, 바람 한 줄기, 이들의 말을 알아들을 수 있어야 하늘과 땅 사이에 거리낌이 없어지는 것이다."
> 나는 매화나무 그루터기를 꼭 껴안고 말했다.
> "네가 나의 젤 좋은 선생님이야."
> <'푸른 수평선은 왜 멀어지는가'에서>

4) 신체성

문학작품에서 유아는 특별한 관계를 맺은 한 그루 나무를 통해 '나무가 된 나'로서 현상학적 신체성을 체험하였다.

(1) 나무가 된 나

작품 속에서 나무는 인간의 몸으로 경험되는 현상학적 신체성을 보이기도 한다. 『푸른 수평선은 왜 멀어지는가』에서는 나무와 인간의 동질성 혹은 동일시 지향을 엿볼 수 있다.

> "꼬맹이 네 이름은 무엇이냐?"
> (꼬맹이? 꼬맹이라는 그 말 좀 붙이지 말아.)
> 내가 입을 다물고 있자 삼촌이 눈을 부라리며 독촉했다.
> "어르신께서 네 이름을 물으시지 않느냐."
> "계수나뭅니다." (중략)
> 삼촌이 황급히 앞으로 나서며 설명했다.
> "계수나무 계자 빼어날 수자, 계숩니다. 그런데 아이들이 달 속에 있다는 계수나무라고 그렇게 저희들끼리 부른답니다."
> "아니야, 삼촌. 어른들도 계수나무라고 불러요. 별명으로가 아냐. 나는 토끼가 떡방아 찧는 달 속의 계수나무라니까요."
> <'푸른 수평선은 왜 멀어지는가'에서>

이름마저 계수(나무)인 계수는 매화나무에게 와서 비밀을 털어놓고 자신도 다른 나무들처럼 "바람에 그냥 흔들리고" 싶다며 두 팔을 벌린 채 나무처럼 선다.

> 나는 일어나서 두 팔을 벌리고 매화 그루터기 곁에 섰다.
> "오늘 같은 날은 말이야, 나도 너처럼 이렇게 묵묵히 서 있고 싶어. 팽나무와 벚나무와 동백나무 사이에서 계수나무 나도

> 바람에 그냥 흔들리고 있고 싶어. 비밀을 가지고 있으니까 사람들이 무서운걸."
>
> <'푸른 수평선은 왜 멀어지는가'에서>

인간의 몸을 나무의 모습과 대비시켜 놓은 대목은 『무화과나무가 있는 집』에서도 발견된다. 엄마가 가르쳐 준 나무놀이는 몸을 움직여 나무가 되어 보는 놀이다. 이 놀이를 배우면서 재미있어 웃음을 참지 못하는 아이들에게 엄마는 "종희랑, 종수, 너희들, 나무처럼 신나고 씩씩하게 사는 거야. 알았지?"라고 말해 준다. 몸만 나무가 되어 볼 것이 아니라 삶의 태도도 나무를 닮아가길 바라는 엄마의 마음이 담겨 있다.

> 나무놀이는 엄마랑 나랑 종수가 만든 거다. 우리가 나무가 되는 놀이다. 먼저 양 발을 벌리고 선다. 그런 다음 허리는 꼿꼿하게 세우고 양 팔을 벌린다. 손가락은 쭉 펴고 고개도 똑바로 한다. 그러니까 발은 나무뿌리가 되고 허리랑 배는 나무줄기, 팔은 나뭇가지, 손은 나뭇잎, 그리고 얼굴은 꽃이 되는 거다. 우리 몸이 나무가 되는 것이다. (중략) 우리는 서로 쳐다보며 웃다 바닥에 주저앉아 배가 아플 때까지 웃었다. "종희랑 종수 너희들! 나무처럼 씩씩하고 신나게 사는 거야. 알았지?"
>
> <'무화과나무가 있는 집'에서>

『나의 라임오렌지 나무』에서는 제제에게 아빠가 한 그루 나무로 인식되는 장면이 나온다. 아빠의 몸이 뿌리와 가지를 가진 나무로 보이는 이 순간만큼은 적어도 제제가 닫아버렸던 마음의 틈새로 아빠를 받아들이는 연민의 모습이 엿보이기도 한다.

> 나는 아빠의 발을 내려다보았다. 슬리퍼 사이로 발가락들이 비집고 나와 있었다. 그도 칙칙한 뿌리를 가진 늙은 나무였던 것이다. 아빠 나무였다.
>
> <'나의 라임오렌지 나무'에서>

5. 문학작품 속 유아와 한 그루 나무의 관계

이 글은 문학작품 속에서 유아가 한 그루 나무와 맺는 관계의 의미를 현상학적 탐구방법에 의해 고찰하였다. 유아의 생활세계 대상으로 세 편의 문학 작품을 선정하여 각 작품에서 유아와 나무의 관계맺음과 관련된 부분을 분리하고 각 부분에 포함된 관계의 의미를 분석하였다. 분석은 van Manen의 제안에 따라 현상학적 물음 제기와 반성 및 글쓰기 과정을 위한 생산적 범주로서 공간성, 시간성, 신체성, 관계성에 초점을 두고 수행하였다.

첫째, 문학작품 속에서 나무는 유아에게 특별한 현상학적 공간성을 가진다. 유아가 찾아가는 한 그루의 나무는 슬픔에 빠진 유아들의 마음을 따뜻하게 어루만져 주는 위로와 화해와 회복의 공간이 되어 준다. 때로 나무는 아이들의 상상을 불러일으키는 놀이터이자 모험의 장소로 변하기도 한다. 또한 작품 속에서 나무는 유아가 변화하고 성장하는 장소이며, 새롭게 태어나는 곳이다. 나무는 '엄마 뱃속', 즉 생명을 잉태하는 '자궁'으로 상징된다. 모든 아이의 '첫 번째 집'이었던 그 따뜻하고 아늑함 속에서 유아는 모든 슬픔을 위로받고 새로 태어나는 것 같은 느낌을 갖게 된다.

둘째, 작품 속에서 유아는 한 그루의 나무를 통해 현상학적 시간성을 체험한다. 어렸을 때 대화를 나누던 나무들은 성인이 되어서도 여전히 동심 속에 살아 있어서 어른이 된 아이를 그때처럼 위로하고 힘이 되어 주기도 한다. 또한 작품 속에서 나무는 유아가 미래를 꿈꾸게 하는 존재이다. 그리고 나무와 함께 관계 맺으며 시간은 흐르고 새로운 봄이 왔을 때 유아는 훌쩍 성장해 있을 것이다.

셋째, 작품 속에서 한 그루의 나무와 유아는 특별한 현상학적 관계성을 가진다. 나무는 유아 자신과 동일시된다. 나무가 잘려지는 것은 곧 유아의 세계가 파괴되는 것과 같다. 그래서 유아는 소중한 나무를 지키기 위해 온 힘을 다한다. 나무는 유아와 단 둘만의 비밀을 간직한 친구이다. 유아가 찾아가 비밀을 털어놓고 마음의 무게를 덜어낼 수 있는 '오직 너'뿐인 존재이며, 서로가 있어서 서로가 행복한 관계이다. 또한 나무는 유아가 정말 배우고 싶은 것을 가르쳐 주는, 학교에서는 배울 수 없는 것을 가르쳐주는, 제일 좋은 선생님이 되어 준다.

넷째, 작품 속에서 나무는 인간의 몸으로 경험되는 현상학적 신체성을 보이기도 한다. 바람이 부는 벌판에서 나무 곁에 팔을 벌리고 서서 나무 중 하나가 되는 장면이나 나무놀이를 하면서 나무의 삶의 태도를 경험하는 장면, 미워하던 아빠가 뿌리와 가지를 가진 나무로 보이면서 아빠에게 연민을 갖게 되는 순간 등에서는 나무와 인간의 동질성 혹은 동일시 지향을 엿볼 수 있다. 작품 속에서 나무와 인간이 하나 되는 순간, 유아는 위로받고 기쁨을 느끼며 닫아버렸던 마음의 문을 연다.

6. 안과 밖, 회복과 성장

이 글에서 체험의 공간성, 시간성, 관계성, 신체성 등 현상학적 범주를 통해 분석한 결과를 종합하면 문학작품 속에 드러난 유아와 나무의 관계맺음의 의미는 (표 1)과 같이 '안'과 '밖' 혹은 '회복'과 '성장'이라는 구조의 두 가지 축으로 통합된다.

〈표 1〉 유아와 나무의 관계맺음의 의미 축

- 위로받고 - 쉬고 - 비밀을 털어놓고	안으로	→ 회복됨
- 배우고 - 상상하고 - 놀고 - 대화하며	밖으로	→ 성장함

첫 번째 축은 '안'으로 향하여 있는 의미 축이다. 문학작품 속에서 유아는 특별한 관계를 맺은 한 그루의 나무를 통해 위로받고, 쉬고, 비밀을 털어놓는 등 보살핌을 받으며 내면의 안정을 얻고 회복되는 경험을 한다.

급변하는 현대 사회에서는 유아들도 스트레스에 노출되어 있어서 심리적 건강을 해치고 발달에 문제를 일으킨다. 유아들의 일상적 스트레스는 자기 자신의 정서적 부적응에 영향을 미치고 자기존중감을 저하시키기도 한다(이종선 외, 2013). 최근에는 장시간의 재원시간으로 유아들이 받는 스트레스에 대한 우려의 목소리도 높아지고 있다(김정화 외, 2013). 유아들에게는 문학작품 속의 한 그루 나무처럼 쉼을 얻고 비밀을 털어놓을 수 있는 존재가 필요하다. 아파트나 집 앞의 한 그루 나무가 유아에게는 평생 기억에 남을 매우 소중한 안식처이자 피난처가 될 수 있다.

두 번째 축은 '밖'으로 향하여 있는 의미 축이다. 문학작품 속에서 유아는 한 그루의 나무를 통해 배우고, 상상하고, 놀고, 대화하면서 철이 들고 어른으로 성장해 간다.

윤미애(2006)는 철이 들기 전까지의 단계를 '나는 누구인가'에 대한 충분한 답이 아직 주어져 있지 않은 '애매모호함'이 지배하는 상태이며, '세상으로 들어가는 문지방 위에 놓여 있다'고 비유적으로 표현한다. 특별한 관계를 맺은 한 그루의 나무는 유아가 성장하고 '철이 드는' 통과의례의 문지방 자체 또는 문지방을 넘어서는 디딤판과 같은 존재가 될 수 있다. 즉, 나무는 유아들에게 무한한 상상력과 호기심과 창의력을 제공하고 촉진하는 원동력이 된다. 유아에게 나무와 대화하고 교감하고 탐색하는 충분한 기회를 허락할 때 나무는 이 세상에서 획일적이지 않은 가장 훌륭한 교과서로 가장 구체적이며 효과적으로 유아의 잠재되어 있는 능력들을 발현시킬 수 있을 것이다(박경희, 2005).

결과적으로, 문학작품 속에서 유아는 한 그루의 나무를 통해 '안'으로는 위로받고, 쉬고, 비밀을 털어놓고 보살핌을 받으면서 '회복'되고, '밖'으로는 배우고, 상상하고, 놀고, 대화하면서 '성장'한다. 다시 말해 문학작품 속의 한 그루의 나무는 자신과 특별한 관계를 맺은 한 유아에게 '보살핌을 통한 회복'과 '교육을 통한 성장'이라는 의미를 동시에 지닌 존재라고 할 수 있다.

이 연구를 통한 시사점은 다음과 같다. 첫째, 더욱 다양한 연구 시도를 통해 유아들의 생생한 체험의 의미를 탐구할 필요가 있다. 이러한 시도들이 늘어날 때 유아들에 대한 교육적 이해와 통찰은 더 깊어지고 넓어질 수 있을 것이다. 둘째, 유아들이 친숙하게 나무와 만나고 관계 맺을 수 있도록 환경을 조성해 줄 필요가 있다. 집 앞이나 아파트, 유치원과 어린이집 주변에 나무와 숲이 늘어날수록 유아들은 더욱 자연스럽게 나무와 의미 있는 관계를 맺을 기회를 갖게 될 것이기 때문이다. 셋째, 유아가 나무를 체험할 수 있도록 돕는 프로그램을 개발하고 보급할 필요가 있다. 다양하고 체계적인 교육적 시도들을 통해 유아들이 회복되고 성장할 수 있도록 돕는 것은 유아교육 연구자와 교사들의 몫이다.

나침반

장소에 대한 감각

아이들의 물리적 환경은 그들이 누구이고, 그들이 원하는 것이 무엇인지에 대한 중요한 메시지를 전달해 준다. 따뜻하고 교육적이고 자극이 있는 환경은 아이들에게 그들이 가치롭고 존중받을 만하다는 것을 말해준다. 반면 침체되고 잘 조직되지 않았거나 지루한 환경은 아이들에게 그들이 가치롭지도 않고 존중받지도 못한다는 것을 암시한다. 이같은 메시지는 아이들의 자아존중감, 자기효능감 등에도 영향을 미친다.

장소에 대한 지식 -자신이 어디에 있고, 어디로부터 왔는가 하는 것- 은 자신이 누구인가에 대한 지식과 얽혀 있다. 달리 말하면 지상 경관(landscape)은 마음 경관(mindscape)을 모양 짓게 되는 것이다. 이와 같은 경험들은 자연 혹은 환경에 대한 경이감을 길러주고, 환경에 대한 아이들의 미학적 감수성을 고양시킨다. 이러한 경험들은 또 '미학적 기억'으로 남게 되고, 따라서 전 생애를 통해 사람들의 삶을 풍부하게 한다.

물리적 환경의 질은 또한 어린 아이들의 자연 세계와 토지에 대한 청지기 혹은 관리인으로서의 역할에 대한 태도와 가치에 영향을 미칠 수 있다. 따라서 아이들이 조작하고 탐색할 수 있는, 안전하고 미학적으로도 좋은 환경을 확보함과 동시에 이에 대한 감각을 길러주는 일은 교육적 측면에서 매우 중요한 일이다.

<Borin(2005) 중에서>

CHAPTER 2

어린이와 숲교육

"숲은 무엇입니까"라는 질문에 대한 나의 대답은 숲은 '교실'이라는 것이다. 교실은 가르침이 있고 배움이 있는 곳이다. 어느 공간이라고 가르침과 배움이 일어나지 않는 곳이 있을까마는 숲이야말로 그 어느 공간보다도 교실로서 훌륭한 자질을 갖추고 있다. 숲은 교육을 통해 사랑의 씨앗을 심어 주기에 참 좋은 장소이다. 숲은 아이들이 사랑을 배우는 교실이다.

교육의 본질은 사랑이다. 교육이 추구하는 바람직한 인간은 그 중심에 사랑이 있는 사람이다. 21세기에 교육이 추구해야 할 것도 사랑이다. 우리의 아이들이 자기 자신을 사랑할 줄 아는 사람, 다른 사람을 사랑할 줄 아는 사람, 생명을 사랑할 줄 아는 사람이 되도록 하는 것은 특히 이 시대에 교육이 담당해야 할 몫이다.

아이들은 숲을 어떻게 경험하는가?[4]

1. 아이들을 자연으로 내보내야 하는 이유

"아이들[5]을 자연으로 내보내라. 언덕 위와 들에서 아이들을 가르쳐라. 그곳에서 아이들은 더욱 좋은 소리를 들을 것이고, 그 때 가진 자유의 느낌은 아이들에게 어려움을 극복할 수 있는 힘을 줄 것이다.(중략) 아이들로 하여금 자연이 바로 진정한 교사라는 것과 당신은 그저 자연을 조용히 산보하는 사람에 지나지 않음을 완전히 깨닫게 하라"(Pestalozzi, 1996). 이 글은 "자연이 바로 진정한 교사"라는 페스탈로치의 목소리에 귀를 기울인다.

에드워드 윌슨(Edward Wilson)은 자연 세계는 인간이 다시 만날 수 없는 가장 정보가 풍부한 환경이라고 주장하면서, 현재의 도시화된 환경이 아이들로부터 직접적인 자연체험의 기회를 빼앗아가고 있으며, 그 결과 아이들의 신체적 또는 정신적 발달에 큰 변화가 일어나고 있다는 점을 지적하였다(이재영, 2008).

---

4) 진영은 · 조규성(2009)에 게재된 글의 일부를 수정하였음.

5) Kellert(2002)은 아이들의 정서적, 인지적, 판단적 발달과 자연체험과 접촉의 역할에 대한 이론적 설명인 그의 글에서 아이들(Children)의 범위를 '주로 학령기와 사춘기 청소년(primarily middle children and early adolescence)'으로 잡고서 논의를 전개하였다. 본 연구는 Kellert(2002)을 이론적으로 참고한 바, '아이들'의 범위는 Kellert이 설정한 범위를 따르고자 한다.

전영우(1999)는 “초・중・고교 시절 경험한 자연과의 체험, 그때 보고 듣고 느끼고 만지고 냄새 맡은 것들이 의식적・무의식적으로 생각과 정서를 형성하는 원천이 된다”고 주장한다. “인간이 성장한 뒤에 가지는 선한 감정이나 아름답고 추함에 대한 기준 역시 성장기 장소의 경험에서 나온다”고 하면서, “생태적으로 사막화한 환경에서 자란 아이들이 감성적 자극에 둔감하며 생태적 풍요에서만 얻을 수 있는 경험을 잃게 되는 것은 당연하다”고 역설하였다.

이재영(2008)은 Carson(2002)과 Kellert(2002)을 인용하여 “사실(에 대한 앎)이 나중에 지식과 지혜로 성장하는 씨앗이라면, 감정과 감동은 그 씨앗을 길러내는 토양이며, 어린 시절은 이러한 토양을 준비하는 시간이다. 일단 한번 아름다움, 새롭고 미지의 것에 대한 흥분, 동정심과 애처로움과 사랑스러움 등의 느낌이 일어나면, 그 아이는 감정을 느낀 그 대상에 대해 알고 싶어진다. 그렇게 해서 알게 되면 그 앎은 평생을 간다”는 점을 지적하면서 어린 시절 숲에 대한 경험의 중요성을 강조하였다.

그렇다면, 페스탈로치와 에드워드 윌슨의 말대로 자연이 가장 정보가 풍부한 학습 환경이자 ‘진정한 교사’로서 아이들을 가르치는 존재라면, “나무와 새와 곤충이 아이들을 가르치게 될”(Pestalozzi, 1996) 때, 아이들은 그 자연에서 무엇을 배울까? 자연에서 우리의 아이들은 어떤 교육적 경험6)을 할까?

---

6) 경험(Erfahrung, life experience)은 “체험보다 일반적이고 포괄적인 용어”로서, “체험 및 체험에 관한 우리의 이해와 의식의 축적이다.” 이에 비해 체험(Erlebnis, lived experience)은 “경험의 특수한 유형으로서 우리가 겪고 인식

2. 자연과 아이들

Kellert(2002)은 이 글에 이론적 기반을 제공하였다. '아이들과 자연(Children and Nature)'에 수록된 이 연구물은 아이들의 정서적, 인지적, 가치판단적 발달과 자연에 대한 경험의 역할에 대해 설명하고 있다. 아이들의 발달에 영향을 주는 자연 경험을 직접 경험, 간접 경험, 상징적 경험의 3가지로 나누어 설명하고 있으며, 바이오필리아(biophilia)의 개념과 자연에 가치를 부여하는 바이오필리아 요소들을 어린 시절 자연 경험이 성격 형성과 발달에 미치는 영향 등을 설명하는 데 사용하고 있다. 그는 자신의 논의를 시작하면서 이 주제에 관한 연구 자료가 매우 부족하다는 점과 함께 이 분야에 대한 과학적 연구가 계속될 필요가 있음을 지적하였다.

Chawla(2002)는 영국 낭만주의 작가인 윌리암 워스워드(William Wordworth)의 사상을 정리하였다. 워스워드는 자연을 살아있는 유기체로 이해하여야 하며 자연에 대해서 사랑과 경외를 올바르게 느껴야 한다고 주장했다. 특히 워스워드는 어린 시절에 온 생애에 걸친 외부세계와의 민감한 교감의 기틀이 형성된다고 믿었다. 그는 어린 시절의 많은 인상들은 뚜렷하게는 기억할 수 없는 정도의 감정을 남기지만, 그럼에도 불구하고 자연에 대한 어린 시절의 인상들은 이후의 삶 속에서 '조용한 회복'에 기여하며, '작고, 이름 없고, 기억되지 않는 친절과 사

하는 대로의 경험을 가리킨다." (Mannen, 1994).

랑의 행동'을 이끌어내는 도덕적 영향을 끼친다고 믿었다. 또한 자연에 대한 어린 시절의 인상은 '조화와 환희의 깊은 힘에 의해 고요해진 눈으로 우리가 사물의 생명을 바라볼' 때에, 자연 세계에 몰입할 수 있는 습관을 만들어 낸다고 보았다. 즉 어린 시절은 한 사람의 영혼을 형성하는 데 있어서 '명백한 근원의 시기(fair seed-time)'이며, 숲과 들판과 공원과 정원 등 '녹색 세상(green world)'은 바로 어린 시절의 '시간의 지점(spots of time)'을 만들어 내는 데 매우 중요한 영향을 끼친다고 보았다.

Katcher(2002)는 어린이들을 대상으로 한 동물원 프로그램을 통해 동물과 함께 있을 때 매우 공격적인 아이들이 더 협동적으로 행동하고, 덜 적대적으로 변하며, 좀 더 사회적인 능력을 보인다고 보고했다. 또한 자아개념 척도(Children's Self-Concept Scale)를 이용하여 측정한 결과를 토대로 하여 아이들의 자아에 대한 생각이 교실에서보다 동물원에서 분명하게 더 호의적임을 밝혔다. 또한 '동화 속의 아이는 숲속에서 그에게 도움을 주는 동물을 만나게 된다. 그 동물은 최소한 인간의 말을 하는 정도의 능력을 갖추고 있으며, 아이가 선택의 기로에 있을 때 우연히 마주친다. 위험하지만 조력자인 동물들이 있는 숲은 참여자들이 하나의 정체성에서 또 다른 정체성으로 넘어가는 통과의례의 상태와 유사한 특별한 상황을 만들어 낸다'면서, 적합한 환경 하에서 실제의 동물들은 동화 속의 동물들이 그들과 마주치는 인간 아이들의 운명을 바꾸었던 것과 마찬가지 방법으로 행동을 바꾸는 중재자 역할을 할 수 있다고 주장한다.

Myers와 Saunders(2002) 역시 동물들은 인간의 자연 세계에 관한 경험에 있어서 매우 중요한 부분임을 밝히고 있다. 그들은 특히 동물이 우리에게 매우 매혹적인 이유 중 하나로서 동물들이 우리에게 매우 활발한 상호작용의 기회와 책임감을 제공한다고 주장한다. 나아가 동물에 대한 자연 돌봄(natural care)이 좀 더 확대되어 환경의 돌봄으로 발전할 수 있을 것이라고 믿었다.

Thomashow(2002)는 자연(야생)에서의 체험이 청소년기의 정체성이 올바르게 발달하는 데 있어 중요한 역할을 한다고 주장한다. 그는 자연을 통해 사춘기의 청소년들은 잡지나 영화, 음악, 그리고 학창시절에 형성된 것들과는 다른 사회적 세계의 생활에 관여하게 되며, 자연을 통해 그들은 어떤 속박에서 풀려나서 야생에서의 삶과 죽음에 대한 진실, 생존의 원리, 인간의 목적과 의미 등에 점차 다가서게 되거나 정면으로 마주서게 된다고 하였다. 또한 그는 자아가 세상 깊숙이 연결되어 확장되었을 때 환경의 파괴는 자아의 파괴로 이어지며, 만약 그렇게 위축한 상태로 방치한다면 자아의 모습은 우리 의식의 심연 속으로 오그라들고 움츠러들 것이라고 주장하였다. 그러나 불행하게도 어른들 중 대다수는 그들의 삶이 자연과 연결되어 있다는 것에 무감각하며, 그들이 세상을 보고 생각하는 방법이 환경에 영향을 미친다는 것을 절대로 인정하려 하지 않는다고 지적하였다.

Kahn(2002)은 '아이들이 리오테조에서 돌고래를 본 것을 자연의 경이로움의 하나로 기억한다는 것은 과연 얼마나 중요한 의미를 가지는 것일까?', '아이들이 환경이 악화된 환경에서 자랐을 때, 그들의 환경적 신념과 감수성에는 어떤 일이 일어날까?' 등에 대한 문제를 다루고 있다. 또한 그는 '환경에 대한 세대 간 기억상실증(Environmental Generational Amnesia)'이라는 '우리 세대가 직면한 가장 시급하지만 잘 인지하지 못하고 있는 문제'를 제기한다. 사람들은 나중에 환경 파괴 정도를 비교할 때, 어린 시절 접했던 자연환경을 기준으로 삼는다. 한 세대의 어린 시절 환경은 그 전에 비해 환경 파괴의 양이 증가한 상태이지만 그 세대는 그 상태를 평균적인 상태로 간주한다. 즉 환경에 대한 세대 간 기억상실증의 발단은 이전 세대가 저지른 환경 파괴에 대한 부담을 가지지 않고 각각의 세대가 새롭게 시작한다는 데 있다. 그 결과는 매우 심각함에도 불구하고 우리는 신체적으로, 정신적으로 고통을 받으면서도 그것을 인식하지도 못하고 있다는 것이다.

Pyle(2002)은 교육 환경의 중요성에서부터 출발한다. 아이들이 찾아낸 특별한 장소 자체가 바로 교실에 필적할 만한 교육을 제공한다는 것이다. 아이들은 스스로 학습하는 존재이며, 그들의 교육과정은 아이들이 활용할 수 있는 모든 것에서부터 만들어진다는 입장이다. 만약 그 장소가 거리라면 거리의 전문가가 될 것이고, 그 공간이 컴퓨터라면 컴퓨터 전문가 될 것이며, 만약 가까운 곳에 야생이 펼쳐져 있다면 적어도 몇 명의 아이들은 교육을 받기도 전에 자연의 전문가가 되어 있을 거라는 것이다. 특히 그는 도시의 '열린 공간(Open Space)의 중요성을 역설한다. 도시가 본격적으로 커짐에 따라 도시의 빈터들이 사라졌고, 아이들은 자연과 만나기 위해서 시간을 내어 밖으로 나갈 수밖에 없게 되었다고 지적한다. 그는 '빈터에 에덴이 있다(Eden in a Vacant Lot)'고 주장한다.

Borin(2005)은 자연에 대한 아이들의 이야기를 수집하고 그 이야기를 통해 아이들의 자연 경험의 의미를 밝히고자 하였다. 그는 아이들과 자연의 관계 맺기는 여러 차원에서 가치가 있지만 그 경험은 점점 줄어들고 있다고 지적하고, 이러한 현실은 아이들이 어렸을 때, 혹은 자연과 의미 있는 시간을 보낼 때만이라도 자연과의 경험을 기록해야 한다는 것을 의미한다고 강조한다. 아이들의 자연에 대한 이야기를 수집하고 기록하는 과정에서 아이들이 자연과 시간을 보낼 때의 느낌을 증명할 수 있고, 그들이 자연으로부터 배우는 교훈을 확인할 수 있으며, 자연의 가치를 확신할 수 있기 때문이다. 또한 그는 아이들이 자연에 관해 쓴 글을 보면 아이들이 자연환경에 대해 어떻게 이해하는지, 그리고 그 자연환경 속에서 그들 스스로를 어떻게 바라보는지 알 수 있다고 밝힌다.

3. 이야기 수집

나는 질적 연구방법 중 특히 인간이 세상을 경험하는 방식에 주목하는 내러티브 탐구 방법에 근거하여 아이들의 이야기를 수집하였다.[7] 연구의 참가자로 서울 시내에 위치한 초등학교의

---

7) "우리가 겪는 실제 경험은 교육과 밀접하고도 필수불가결한 관계에 놓여 있기 때문에(Dewey, 1938), 인간 경험에 대한 이해가 교육 연구의 중심 주제

5학년 한 학급 34명(남 17명, 여 17명) 전체 학생을 선택하였다. 아이들의 이야기를 수집하기 위해서 학교장과 교사의 허락을 받아 세 차례의 수업과 약 5개월에 걸쳐 참가자 개인에 대한 개별 인터뷰 등을 진행하였다.

이야기 수집 과정에서 아이들은 자신들이 되살렸던 숲에 대한 인상적인 기억을 발표하기, 글로 쓰기, 질문지 작성하기, 요약해서 말하기, 인터뷰하기, 시나 소설로 표현하기 등으로 수차례 다시 이야기하였으며,[8] 나는 그 과정에서 매번 아이들의 이야기에서 떠오르는 인상을 메모하고 확인받는 과정을 거쳤다.

첫 번째 수업에서는 숲에 대한 아이들의 기억을 되살려내는 데 집중하였고, 각자의 경험을 글로 써 보도록 하였다. 두 번째 수업에서는 각자의 이야기를 발표하고 질문지를 작성하도록 하였다. 나는 아이들의 이야기를 나의 언어로 다시 이야기하여 참가자별 파일에 덧붙였다. 인터뷰는 학교에서 특별히 마련해 준 도서관에서 이틀에 걸쳐 진행하였다. 인터뷰 후에는 다음 시간까지 각자의 이야기를 시나 소설로 창작해 오도록 하였다. 세 번째 수업에서는 수집된 내용들이 정확한지 재차 확인하였

가 되어야 함에도 불구하고, 우리는 일상생활 속에서 아이들의 다양한 체험 또는 그들의 생생한 경험을 인식하고 이해하는 데 관심을 기울여 오지 않았다. 우리가 진정으로 아이들을 위한 교육에 관심이 있다면 그들이 무엇을 경험하고, 그들에게 무슨 일이 일어나고 있는지, 아이들이 겪은 경험이 그들에게 무엇을 의미하는지 알아봄으로써 아이들의 세계를 이해해야 한다" (염지숙, 1999).

8) 아이들이 겪은 경험을 '이야기하고(telling)', '다시 이야기하고(retelling)' 하는 과정을 통하여 '경험의 의미를 찾고(living)' 이를 토대로 '새로운 삶을 살아가게 되는(reliving) 과정'이 바로 교육이다.

으며, 이 연구에 참여한 소감을 발표하였다.

이러한 과정을 통해 수집된 데이터는 34개의 참가자별 파일과 25개의 연구 주제별 파일로 정리되어 분석에 활용되었다. 분석 기법으로는 범주 분석 및 주제 분석을 병행하였다. 이 연구 과정 내내 나는 참가자들이 자신들의 이야기를 읽어보고 확인하는 절차를 계속 밟아 나갔다. 또한 연구 결과를 기존의 연구와 비교하면서 발견되는 의미를 확인하고 검토하였다.

4. 아이들이 숲에서 가장 인상 깊었던 경험

이 글은 아이들이 숲에서 경험한 가장 인상 깊은 경험 이야기를 수집하고, 범주 분석과 주제 분석을 통해 아이들의 숲에 대한 경험의 의미를 확인하고 이해하고자 하였다.

1) 범주 분석

아이들의 이야기는 '숲과 만남'에 대한 이야기, '가장 인상 깊은 순간'에 대한 이야기, '변화'에 대한 이야기, '이야기'에 대한 이야기로 정리되었다.

(1) '숲과 만남'

Borin(2005)은 아이들과 자연이 특별한 관계를 맺고 있으며 이 관계는 어른들의 것과는 확실히 다르므로 아이들의 숲에 대한 이야기를 들어 보고 아이들과 자연과의 관계를 살펴보는 것은 중요하다고 주장한다. 그러나 불행하게도 우리의 현실은 아이들이 숲과 만날 기회가 많지 않다. 연구에 참여한 아이들이 숲에 갈 수 있었던 날은 특별한 날, 즉 가족 여름휴가 기간이나 친척집 방문하는 날, 학원에 안 가는 날 등일 뿐이었다. 오히려 아이들이 자연과 함께 보내는 시간은 점점 줄어들고 있는 실정이다.

또한 아이들에게 영향을 끼친 숲은 아주 잘 가꾸어져 있거나 특별한 곳만은 아니었다. '크로아티아 국립공원' 같은 외국의 숲도 있지만, 거주지나 친척집 인근의 숲인 경우가 많았다. 어떤 아이는 집안의 화분 하나로도 숲을 느끼고, 또 어떤 아이는 심지어 꿈에서도 숲을 만났다고 하였다.

누구와 함께 숲으로 갔느냐는 질문에 대해 아이들은 대부분 가족과 함께 숲에 갔다고 했다. 특히 부모는 빈번하게 언급되었고, 아이들이 숲으로 가는 데 결정적인 역할을 하였다. 또한 할아버지나 할머니를 비롯하여 친지들이 많이 등장하는 것도 눈여겨볼 점이다.

아이들이 숲에 간 이유는 가족의 휴가, 등산, 청소년 단체 캠프, 친척 방문 등 다양하지만 역시 엄마, 아빠의 권유 등 부모의 결정이 중요한 계기가 되었다. 우연히 숲에 갔다거나, 숲이 가까운 곳에 살고 있어서 숲에 갔다는 아이들의 이야기는 숲이 '곳곳에', '많이', '가까이' 있을수록 숲을 접할 기회가 많아진다는 사실을 확인시켜 준다.

(2) '가장 인상 깊은 순간'

짧은 순간의 강렬한 경험일수록 오랫동안 기억에 남을 수 있다. 숲에서 경험한 가장 인상 깊은 순간에 대한 이야기도 그런 경우다. Wordsworth(1850)는 이런 명쾌한 순간을 '시간의 지점들'이라고 불렀다. 그는 "우리의 경험 속에는 눈에 띄는 탁월함을 지닌 시간의 지점들이 있으며, 그것들은 회복의 미덕을 계속 유지하고 있다. 특히 어린 시절에 많은 공명하는 시간의 지점들이 있다"고 하였다(Kellert, 2002). 아이들의 이야기를 통해 확인한 숲에서 인상 깊은 순간은 바로 아이들이 결정적으로 숲과 맞닥뜨린 시간의 지점들이었다.

가장 인상 깊은 순간에 이름을 붙여달라고 했다. 이 '이름 붙이기'는 아이들이 자신들의 경험에 어떻게 의미를 부여하는지를 파악하는 데 도움이 되었다. '1시간', '달콤한 자연', '신비의 그림', '이게 웬 떡!' 등 아이들은 은유를 사용하여 자신들의 경험을 표현하였다.

아이들은 숲과 맞닥뜨림을 시각, 청각, 미각, 후각, 촉각 등 오감을 통해 경험한다. 다람쥐라는 '새로운 세계'와 '눈이 마주치'기도 하고, 숲의 소리를 자장가 삼아 잠들기도 하고, 숲에서 금방 딴 다래를 입에 넣고 달콤한 자연을 맛보기도 하며, 비 온 뒤 숲의 냄새가 주는 매력을 깊이 호흡하기도 하고, 눈을 질끈 감고 손 위에 올려놓았던 곤충의 의외로 간지러웠던 촉감을 잊지 못하는 것이다. 모두 숲으로 갔을 때에만 경험할 수 있는 특별한 감각이자 느낌들이다.

Carson(2002)에 따르면 그 맞닥뜨림의 순간에 아이들이 느끼는 놀라움, 경이로움의 감정은 '아이들에게 부여된 신의 선물'이다. 아이들은 숲과 맞닥뜨려 숲에서 느낀 감정을 이야기했으며, 연구자는 이 감정이 아이들의 경험을 이해하는 데 중요하다는 사실을 발견했다. 그 감정은 숲에서 경험을 빛나고 특별하게 하였으며, 인상적으로 오랫동안 기억하게 하였다. 결국 그 감정은 아이들을 변화시키는 '배움의 씨앗'이 되었다.

(3) '변화'

교육은 아이들의 '변화'에 주목한다. 학자들마다 학습에 대한 견해가 다양하지만, 학습이 인간과 그 인간이 접하고 있는 환경과의 상호작용에 의하여 인간 쪽에서 일어나는 어떤 '변화'라고 보는 점에서는 일치한다고 볼 수 있다(이혜림 외, 2004).

숲에서의 경험을 통해 아이들은 '숲'에 대한 생각이나 행동이 달라졌다고 하였다. 나무에 대해서는 '생명은 있지만 움직이지 못하고', '너무 많아 소중하지 않은' 존재라는 생각에서, '움직이지 못하지만 생명이 있고', '하나하나가 고맙고 소중한' 존재라는 생각으로 변화했다. 개미, 매미 등 곤충(벌레)에 대해서는 '징그럽고', '더럽고', '무서우며', '밟아도 되고 죽여도 되는', '하찮은' 존재라는 생각에서, '신기하고', '불쌍하고', '친구처럼 귀엽고 다정하며', '소중하고 아껴야 할' 존재라는 생각으로 변화했다. 새, 다람쥐 등 숲속의 야생동물에 대해서도 '관심없고', '무섭고', '보잘 것 없고', '이상한' 존재라는 생각에서

'관심이 많아지고', '귀여우며', '예쁘고', '신기하고', '소중하며', '함께 살아가야 할' 존재라는 생각으로 변화했다. 즉, 숲에서 인상 깊은 경험을 통해 아이들에게는 변화가 생겼다. 숲에 대한 관심과 애정이 생겼고 이러한 변화는 이후에도 아이들의 생각과 태도에 영향을 주고 있다는 사실을 확인하였다.

숲에서의 경험은 다른 사람과의 관계를 변화시키기도 했다. '그냥 같은 반에 있는 애'였던 친구는 숲에서 함께 고생을 하고 온 후 '소중한' 친구로 변했다. 친구에게 화를 자주 냈다는 아이는 숲에서 '배려'해야겠다는 생각을 했고, 지금도 노력하고 있다고 했다. 다람쥐와 곤충들이 죽어 있는 것을 보고 불쌍한 감정을 느꼈던 아이는 그 후 작은 생물도 소중하게 생각하게 되었고, '너무 더럽고 짜증난다고 생각'하던 장애인에 대해 '그런 사람일수록 감싸주어야 한다'고 생각하게 되었다. 아이들은 숲에서 '관계'의 변화를 경험했고, '함께' 살아간다는 것의 의미를 생각했다.

'나'에 대한 생각의 변화에서 귀를 기울이게 하는 것은 '자아존중감'[9]의 향상에 대한 아이들의 목소리였다. 아이들에게 숲은 '작고 초라해 보이던 나'에게 '왕이 된 것 같고, 부자가 된 것 같은' 기분이 들게 한 마법과 같은 장소였다. 숲은 아이들에게 '나는 소중하며', '세상에는 나와 같은 사람이 존재하지 않

9) 자아존중감은 심리적으로 혼란하거나 독선적인 역기능 가정에서 자란 아동으로부터 자아를 상실하고 삶의 의미를 잃어가는 성인에 이르기까지, 넓은 연령 범위에 걸쳐 모든 현대인들이 증진시켜야 할 필수적인 요인으로 주목받고 있는 개념이다(박진희 · 장남기, 1997).

고 특별한 존재'라고 자신을 긍정적으로 생각하게 하였다. 이러한 자아존중감의 향상은 '책임감 있는 환경 행동(Environmental Re- sponsible Behavior: ERB)으로 이어진다는 연구 결과도 있다(Hungerford & Volk, 1990; 박진희 · 장남기, 1998 재인용).

(4) '이야기'

이 글은 아이들의 이야기를 통해 숲에서 아이들이 어떤 경험을 하는지를 탐구하였다. 아이들이 지은 이야기의 제목, 아이들이 이야기에서 강조하고 싶어 하는 단어 등은 이야기의 내용과 의미를 파악하는 데 도움이 되었다. 또한 참가자별 자료를 정리하면서 아이들의 이름과 함께 제목을 적어 둠으로써 원하는 이야기의 위치를 찾을 수 있었다. 강조하고 싶은 단어는 이야기 주제를 파악하는 데 유용한 자료가 되었다.

경험에서 배운 것을 다른 친구에게 이야기한다면 어떻게 이야기하겠느냐고 물었다. 자연을 보호하자거나 야생동물이나 곤충을 사랑하자거나 에너지를 아껴 쓰자는 등의 교훈적인 이야기를 해주고 싶다는 아이들도 있었고, 숲은 사람의 성품을 변화시킨다거나, 숲은 병을 치유해 주고 건강을 지켜 준다거나, 동물들과 어울려서 지낸다면 애정도 생기고 평소 생각하지 못했던 것을 생각할 수 있게 된다거나, 숲은 알면 알수록 더 재미있고 신기하다는 나름대로의 주장, 생각, 견해를 이야기하겠다는 아이들도 있었다. 다람쥐처럼 자유로워지라거나 가족과 함께 숲에 놀러가 보라거나 자연에 대해 생각해 보자거나 숲에서 자주 놀자는 제안 또는 권유를 하고 싶다는 아이들도 있었고, 이야기하기 자체에 초점을 맞춘 아이들도 있었다.

아이들에게 이 연구에 참여하면서 가졌던 생각을 이야기해 달라고 하였다.10) 숲에 대해서 생각해 볼 수 있는 기회가 되었다는 대답이 많았고, 숲에 대한 이야기보다는 '이야기하기' 자체의 의미와 즐거움에 대해 말해 준 아이들도 많았다. 잊었던 기억을 다시 떠오르게 해 주었다는 데 대해 의미를 둔 아이들도 있었다. 연구 진행에 대해 평가를 해 주기도 했다. 한편, "별 생각 안 들었어요", "잘 모르겠어요" 등의 대답도 있었다.

2) 주제 분석

레이첼 카슨은 자연에 대해 놀라워하는 감정이라는 주제를 무척이나 중시했다. 특히 그런 감정이 평생 유지될 수 있는지 여부가 어린 시절에 판가름난다고 믿었다. 레이첼 카슨은 어른과 아이들이 자연에 대한 감수성을 풍부하게 기를 수 있기를 바랐고, 만일 그렇게 된다면 어른과 아이들이 생명 세계를 위협하는 행동을 줄일 수 있으리라 믿었다. 레이첼 카슨은 착한

10) 염지숙(2003)은 내러티브 탐구에서 연구자는 연구가 진행되는 동안 참여자가 연구에 참여하는 일에 대한 그들의 느낌이나 생각에도 관심을 가지고 기록해야 하는데, 이는 참여자의 연구 참여 경험 또한 연구 텍스트로 구성될 수 있기 때문이라고 제안했다. 이는 아이들을 학교로 찾아갈 때마다 연구자가 느낀 느낌과 다르지 않았다. 대부분의 아이들은 숲에 대해 이야기하는 시간을 가져본 경험이 없었고, 숲에 대해 이야기해 볼 수 있었던 본 연구에 호감을 표현하기도 했다.

요정이 있다면 그들에게 이렇게 부탁하고 싶다고 했다. '세상의 모든 어린이들이 지닌 자연에 대한 경이의 감정이 언제까지라도 계속되게 해주소서'(Carson, 2002).

Kellert(2002)도 어린 시절은 토양을 준비하는 시기라는 데 동의한다. 즉 새로운 것에 대해 아름다움, 기쁨, 공감, 동정, 사랑, 감사의 감정 등 감정이 한번 일어나기 시작하면 우리는 그 감정을 일으킨 사물에 대해 알고 싶어지며 그것이 충족되면 그 앎은 영원히 지속되므로, 자신의 것으로 흡수할 준비도 안 된 사실들로 짜인 식사를 억지로 먹이는 것보다는 아이가 걸어갈 앎의 길을 탄탄히 닦아주는 것이 더 중요하다는 것이다. 그는 아이들의 자연에 대한 경험은 호기심, 만족, 기쁨, 도전, 두려움, 염려 등과 같은 광범위한 감정의 복합체로 둘러싸여 있어서, 기쁨, 열정 등을 유발하기도 하지만 불확실성, 위험, 공포 등의 감정을 유발하며, 이러한 모든 감정들은 학습에 대한 강력한 자극제가 된다고 하였다. 또한 그는 자연 세계는 아이들에게 '자극의 절대적 원천'이며, 이러한 감정적 반응의 다양성을 유발하는 자연의 독특한 조건과 특성은 복제 불가능한 것이라고 주장한다.

이 연구의 자료 수집과정에서도 아이들은 숲과 맞닥뜨려 숲에서 느낀 감정을 이야기했다. 나는 이 감정이 아이들의 경험을 이해하는 데 중요하다는 것을 발견했다. 그 감정은 도시, 일상에서는 경험하기 힘든 것이었고, 그 감정은 숲에서 경험을 특별하게 하였고, 인상적으로 오랫동안 기억하게 하였다. 또한 이 감정을 통해 아이들은 숲에서 무엇인가를 배우고 있다는 것도 알게 되었다.

(1) 불쌍함 - 배려

민정이는 3학년 때 가족과 함께 설악산에 올라갔다가 돌 구석에 죽어 있는 다람쥐를 봤다. 여태까지 경험한 일 중에 가장 기억에 남고 슬프고, 지금까지 본 것 중에서 제일 불쌍하게 느껴지기까지 한 경험이라고 했다. 민정이는 숲에서 죽어 있는 다람쥐를 보고 불쌍함과 슬픔을 느꼈고, 이 감정은 작은 것의 소중함에 대한 생각으로, 또 장애인 등 약자에 대한 배려로 이어졌으며, '나 자신이 소중하다'는 생각으로 발전하였다.

<주요 문장>

- "여태까지 경험한 일 중에 가장 기억에 남고 슬프기 때문이다. 또 지금까지 본 것 중에서 제일 불쌍하게 느껴지기 때문입니다."
- "아무리 못생기고 이상해도, 모든 것을 아껴주고 사랑해 줘야겠다고 생각하였다. 그리고 불쌍한 동물이나 사람이 있을 때에는 도와줘야겠다고 생각했다."
- "장애인 같은 사람들은 좀 뭔가가 짜증나고 그냥 그렇게 생각했는데 그 경험 이후에는요. 그런 사람일수록 감싸줘야겠다고 생각했어요."

(2) 무서움 - 용기

절벽이 있는 내리막길, 누구의 도움도 받을 수 없는 좁은 외길, 혼자서 해결할 수밖에 없는 상황, 1분이 1시간처럼 느껴지는 숨막히는 순간들, 가슴 졸이며 조심조심 숲속 내리막길을 내려왔던 기억을 이야기하며 수빈이는 그 무서웠던 경험을 통해 숲이 용기를 가르쳐줬다고 했다. 자신감을 얻었다고 했다. 숲은 아이들에게 난관을 혼자서 이겨내야 하는 상황을 제공한다.

<주요 문장>

- "산에 올라가서 내려왔던 중에 가장 무서웠던 기억이에요."
- "노력하면 할 수 있고, 용기를 가질 수 있다고 생각했어요. 제 자신한테."

(3) 경이로움 - 영성

혜은이의 이야기는 뉴질랜드에서 겪은 경험들이다. 대자연과 맞닥뜨렸을 때, 아이들은 경이로움을 느낀다. "되게 신기하잖아요. 보통 사람의 힘으로는 할 수 없는 것들이니까." 이 경이의 감정이 아이들에게 생명과 존재에 대한 물음을 묻게 한다.

<주요 문장>

- "되게 신기하잖아요. 보통 사람의 힘으로는 할 수 없는 것들이니까."
- "나는 어느 날 문득 이런 생각하였다. '자연이란 무엇일까?

와 '어떻게 해서 자연이 생겼을까? 정말로 하느님 덕분일까? 그런데 어떻게 누가 조정하는 것도 아닌데 이렇게 매일 변할까' 이런 생각들을 하였다."

(4) 신기함 - 공존

숲은 가까이 있기도 하고 멀리 있기도 하다. 어느 날 숲에서 다람쥐를 본 날 이후 숲은 서영이에게 가까운 존재가 되었다. 아, '내 주위에 다람쥐가 살고 있구나'하는 걸 느끼고 숲속의 친구들과 자신이 함께 살아가고 있는 존재라는 자각을 하게 되었다. 그 계기는 어느 날 우연히 다람쥐를 숲에서 만난 것이다. 서영이는 이 순간을 가슴 벅찬 경험으로 기억하고 있다. 텔레비전으로만 보던 장면이 눈앞에서 펼쳐지고 있었다. 신기하고 흥분되었다. 서영이는 가장 중요하다고 생각하는 단어로 '함께'라는 부사를 골랐다. 내가 사는 세상에는 사람뿐만 아니라 사람처럼 간지럼도 타고 맛도 느끼는 또 다른 생명들이 '함께' 살고 있다는 새로운 깨달음, 또 다른 세상을 발견한 놀라움을 표현하고 싶었을 것이다.

<주요 문장>

- "마음이 쿵쾅거렸고 신기하였다. 새로운 무언가 보니까 조금은 흥분되었다."
- "숲에 있잖아요. 동물들이요. 제가 아는 것보다 많고, 숲에 있는 동식물들은, 우리가 보지 못한 것이 많고, 숲은 멀리

있는 게 아니라 좀 가까이 우리한테 곁에 있다는 걸, 그런 걸 느꼈어요."

(5) 고마움 - 감사

숨을 잘 쉴 수 있도록 하는 것이 숲의 역할이다. 산소를 공급하여 공기를 맑게 하기 때문이다. 숨은 생명의 증거이다. 생명이 있는 것들은 숨을 쉰다. 나무와 숲은 생명 있는 것들이 숨을 쉴 수 있도록 돕는다. 축농증 때문에 숨을 제대로 쉴 수 없었던 8살 정성이는 대나무 숲에서 있었던 2~3시간 동안 숨을 쉬기가 참 편한 것을 느꼈다. 정성이는 이 경험을 통해 숲이 아주 고마운 존재라는 것, 숲은 우리에게 없어서는 안 될 존재라는 사실을 깨달았다고 했다. 또한 정성이는 숲 덕분에 축농증이 호전된 것을 안 뒤로 그때까지만 해도 싫어하던 산에 자주 가게 되었다고 한다. 정성이의 표현에 따르면 "정말 놀라운 변화였다."

<주요 문장>

- "숨을 쉬기 편해서 꼭 집 같은 느낌"
- "그것을 안 뒤로 그때까지만 해도 숲과 산을 싫어하던 내가 산을 자주 가기 시작했다. 정말 놀라운 변화였다. 나의 대나무 숲 사건은 숲을 많이 배우게 하였다. 건강을 잠시라도 치유해 주는 것과 숨쉬기가 다른 곳보다 편하다는 것을 말이다."

5. 아이들은 숲에서 사랑을 배운다

초등학교 5학년인 아이들이 숲에 대한 가장 인상 깊은 경험을 한 시기는 '유치원 때'부터 '몇 달 전'까지 매우 다양했다. 또한 아이들이 숲에 가는 날은 주로 일요일처럼 학원에 안 가는 날, 엄마와 아빠가 집에 있는 날, 여름방학 등이다. 아이들이 인상 깊게 기억하는 이야기 속의 장소 역시 외국(크로아티아 국립공원, 뉴질랜드)에서부터 집 안의 베란다까지 다양하게 분포되어 있다. 가장 많은 아이들이 이야기한 숲은 거주지 주변의 숲이었다. 아이들이 기억하는 숲에 대한 경험에는 대부분 가족이 등장했다. 특히 엄마나 아빠 등 부모는 이야기에 가장 빈번하게 등장하며 아이들이 숲을 경험하는 데 가장 중요한 역할을 담당하고 있었다. 친지, 친척들이 많이 등장하는 것도 눈에 띄는 특징이다. 많은 아이들이 가족과 함께 휴가를 가기 위해 숲으로 간다고 이야기했다. 건강도 숲을 찾는 중요한 이유가 되었다.

아이들이 이야기한 가장 인상 깊었던 한 순간은 '다람쥐가 돌 구석 사이에 죽은 것을 본 순간'처럼 시각적으로 경험된 것이 많았다. 또한 '외삼촌께서 주신 다래를 먹을 때'처럼 미각적인 경험의 순간, '나무가 맑은 소리를 낼 때'처럼 청각적인 경험의 순간, '나무뿌리에 걸려 넘어질 뻔한 순간'처럼 행위와 관련된 순간도 있었다. 아이들이 숲에서 경험한 인상 깊은 순간에 느낀 감정은 '불쌍했다', '안타까웠다' 등 연민의 감정, '고

마웠다' 등 감사의 감정, '신기했다', '신비로웠다', '마음이 쿵쾅거리고 흥분됐다', '설렜다', '무섭고 신기했다' 등 신기함의 감정 등이었다.

이러한 순간의 경험 후 아이들에게는 '숲', '다른 사람', '나 자신'에 대한 생각이나 행동의 변화가 생겼다. 경험 이전에 숲은 보잘것없고 재미없고 상관없는 것들이었으나, 인상 깊은 경험을 하고 난 후에는 소중하고, 신비롭고, 친근해졌다. 또한 자신과의 관계성이 약하거나 부정적인 관계에 있었던 사람들에 대해 긍정적으로 생각하게 되었고 관계가 호전되었다. 자기 자신에 대해서도 경험 이후에는 자신을 긍정적으로 보게 되었고, 자아 존중감이 높아졌고, 남을 배려하게 되었고, 화를 내지 않게 되었다.

아이들에게 숲에서 배운 것을 다른 아이들에게 이야기한다면 어떤 이야기를 하겠느냐는 질문을 통해 연구 과정에서 아이들이 숲에서 인상 깊은 경험에 대해 이야기하고 다시 이야기하는 과정을 거치면서 되살려낸 경험의 의미를 발견하고자 하였다. 또한 본 연구에 참여하면서 어떤 생각을 했느냐는 질문에 아이들은 숲에 대해 생각해 볼 수 있는 기회가 되었고, 지나간 경험을 이야기할 수 있어서 좋았다고 했다.

이상과 같이 아이들의 이야기를 통해 확인할 수 있었던 것을 종합하면, 아이들이 숲으로 가는 이유는 주로 '가족 여행(휴가)', '놀이', '체험학습' 등이며, 부모는 아이들이 숲으로 가는 기회를 제공한다. 아이들은 아이들만의 방식으로 숲을 경험하지만 아이들이 숲을 만날 기회는 점점 줄어들고 있다. 아이들이 숲에서 경험한 가장 인상 깊은 순간은 '숲과 맞닥뜨린' 순간이다. 이 순간에 아이들은 몇 가지 특별한 감정들을 느끼며 이 감정들은 아이들을 변화시킨다. 또한 아이들은 이러한 경험을 이야기하는 동안 경험의 가치를 확인하고 내면화한다.

아이들은 숲과 맞닥뜨리는 순간 다양하고 특별한 감정을 경험하며, 그 경험을 통해 '사랑'을 배운다. 아이들이 숲에서 의미를 만들어 가는 과정은 사랑을 배워가는 과정이며, 아이들이 숲에서 배우는 것은 사랑이다.

6. '숲을 통한 교육'을 위하여

전영우(2002)는 인류는 농업혁명과 산업혁명, 과학기술혁명 등 3개의 거대한 혁명적 변혁기를 넘어 오면서, 산업혁명으로 도래한 새로운 산업사회는 문맹(文盲)을 몰아냈고, 과학기술혁명으로 형성된 정보화 사회는 컴맹을 몰아냈듯이 환경의 세기인 21세기는 생태적 소양이 결여된 생태맹(生態盲)[11]을 몰아내야 한다고 주장한다. 덧붙여 이러한 생태맹을 극복하기 위한 대안으로 '숲을 통한 교육'을 제안했다. 자연 생태계의 중심에

---

11) 생태맹(ecological illiteracy)은 문맹, 컴맹 등에서 풍기는 뉘앙스처럼 생태학적 지식의 결여나 자연 해독능력의 결여를 암시하지만 실제로 그 이상의 많은 의미를 함축하고 있다. 생태맹은 자연계나 생명 현상에 대한 지식의 결여만을 의미하지 않고, 오히려 천부적으로 물려받은 자연과 교감할 수 있는 우리의 정신적 능력이나 또는 자연과 우리 자신이 조화롭게 어울릴 수 있는 감성의 결핍을 뜻한다(전영우, 2002).

있는 숲은 생태맹을 치유하고 극복하기 위한 살아 있는 교과서이자 교실이기 때문이라는 것이다. 나는 연구과정에서 확인한 점들을 토대로 '숲을 통한 교육'을 위한 몇 가지 제안을 하고자 한다.

첫째, 배움의 장소로서 숲의 역할에 주목할 필요가 있다는 점이다. 교육을 뜻하는 '패다고지(pedagogy)'는 어원상 '아이들을 이끌고 밖으로 나온다'는 의미를 가지고 있다. 아이들이 교실 안에서만 배우는 것은 아니다. 교실 문을 열고 숲으로 나왔을 때, 아이들 앞에는 또 다른 배움의 장이 펼쳐진다.

둘째, 아이들이 숲이라는 또 다른 교실로 나가는 데에는 어른, 특히 부모의 역할이 매우 중요하다는 점이다. 아이들을 숲으로 이끌고 나오고, 아이들과 숲의 경이로움에 대해 함께 놀라고 기뻐해줄 수 있는 어른의 존재 여부에 따라 아이들의 미래는 달라질 수 있다.

셋째로, 아이들이 숲을 만날 기회는 점점 줄어들고 있다. 아이들이 점점 나이를 먹어가면서 어린 시절에만 느낄 수 있는 방식으로 숲을 만날 기회를 점점 잃어가고 있다. 또한 학년이 올라감에 따라 입시 등 아이들에게 부과되는 과제가 많아지고 무거워져 숲에 갈 수 있는 시간은 점점 적어진다. 이렇게 아이들이 숲을 만날 기회가 적어진다는 것은 한편으로 숲이 주는 가치를 누릴 기회가 줄어든다는 것을 의미한다. 따라서 아이들이 숲을 가까이 할 수 있는 환경을 조성해 주는 것이 필요하다. 숲으로 갈 시간이 없다면 아이들 가까이에 숲을 만들어 줄 수도 있을 것이다. 학교에 나무를 심고 숲을 조성하는 것도 대안이 될 수 있다.

넷째, 아이들에게 숲에 대해 이야기할 수 있는 기회를 더 많이 만들어 주어야 한다. 아이들은 숲에 대한 이야기를 하면서 숲의 가치와 의미를 새롭게 만들어 가기 때문이다.[12)]

12) 경험은 이야기되기를 기다리고, 이야기는 서술적인 방식으로 경험에 형태를 부여하는 것이다. 인간의 경험을 엮어 줄거리로 만듦으로써 형태를 부여하는 것이 이야기다. 진부한 이야기가 아니라 살아있는 이야기, 존재 체험에 관한 이야기는 삶의 의미를 새롭게 한다(Ricoeur, 2000).

나침반

숲의 가치

Kellert(1993)은 바이오필리아 가설에 근거하여 인간이 자연에 부여하는 가치의 유형을 미적(aesthetic) 가치, 지배적(dominionistic) 가치, 인본주의적(humanistic) 가치, 도덕적(moralistic) 가치, 자연주의적(naturalistic) 가치, 부정적(negativistic) 가치, 과학적(scientific) 가치, 상징적(simbolic) 가치, 실용적(utilitarian) 가치 등 9가지로 구분하여 정리하였다. 자연의 가치의 내용과 효력은 개인과 집단에 따라 매우 다양하겠지만, Kellert은 이러한 자연의 9가지 가치를 어린 시절의 성격과 특성 계발에 적용하는 것이 중요하다는 점을 강조하였다.

미적 가치는 자연의 물리적 매력을 포함한다. 이 요소는 우리로 하여금 자연에 대한 경외감을 갖게 하지만 이는 아름다움에 관한 놀라움 때문은 아니다. 이는 우리가 아름다운 장미나 석양을 보았을 때, 해변에서 파도소리를 들었을 때 느끼는 감정을 반영한다. Kellert은 미적 가치가 사람으로 하여금 영감과 조화, 평화, 안정감을 얻게 해 주며, 호기심, 상상력, 발견을 자극한다고 하였다.

지배적 가치는 자연을 정복하고 통제하고자 하는 충동을 말한다. 이 요소는 우리가 우리의 이익과 안전을 위해 자연을 지배하길 바란다고 본다. 이 가치와 관련하여 적용 가능한 이득은 독립성과 자율성 등이다. 또한 탐험하고자 하는 충동,

모르는 것에 직면하고 위험을 감수하고자 하는 의지, 재치와 용기를 보여주는 것 등이 이에 포함된다.

휴머니즘적 가치는 자연에 대한 사랑과 애착을 말한다. 이 요소는 자연과 사람을 결속시키며, 애완동물이나 식물, 자연의 어떠한 요소와도 관계를 맺을 수 있도록 한다. 또한 친밀감, 동료애, 신뢰, 사회성 증진과 관련 있으며, 자신감과 자아실현을 발달시키는 기제가 된다.

도덕적 가치는 자연에 대한 윤리적이고 정신적인 공감을 수반한다. 이 요소는 사람들로 하여금 자연에 대한 소속감과 공경심을 갖게 된다.

자연주의적 가치는 자연에의 긴밀한 접촉과 집중을 표현한다. Kellert은 이를 "자연과의 직접적인 경험과 접촉으로 인해 얻는 만족"이라고 정의하였다. 이 가치에서 발생하는 이득은 모험심, 호기심, 탐구력, 상상력 등이다. 또한 자신감과 자의식을 기르고, 시·공간적 자각을 강화함으로써 더욱 차분해지는 것도 포함된다.

부정적 가치는 자연에 대한 회피, 두려움, 거부 등을 반영한다. 이 요소는 우리로 하여금 자연의 힘을 알게 하고, 자연이 지니고 있는 힘이 때로는 우리를 해칠 수 있음을 알게 한다. 이 가치의 기능적 이득은 해(害)와 부상을 피하고 위험과 불확실성을 최소화시키며, 자연에 대한 겸손함과 자연의 파괴력을 인식함으로써 자연을 경외하는 것 등이다.

과학적 가치는 자연에 대한 경험적이고 체계적인 연구와 이해를 강조한다. Kellert은 "자연의 구조, 기능, 관계에 관한 체계적 연구는 지식을 얻고 관찰력과 이해력을 증진시킨다."고 하였다. 이 가치발달이 주는 기능적 이점으로는 비판적 사고, 문제해결 능력, 과학적 분석 능력의 강화 등을 들 수 있다.

상징적 가치는 인간의 의사와 사고를 뒷받침하고 형성하는 자연의 역할을 가리킨다. 자연은 우리가 겪는 경험들을 상징화하고 은유화한다. 이는 아이들의 책, 영화, 요정이야기, 전설 등을 살펴보면 알 수 있다.

이 가치의 적용 가능한 이득은 언어와 숫자를 통한 분류와 정의 능력, 상상과 상징을 통해 의사소통 능력을 강화시키는 것 등이다.

실용적 가치는 자연 세계의 물질적이며 상품적인 매력을 말한다. 우리는 자연을 음식, 안식처, 치료, 도구 등의 차원으로 볼 수 있다. 이 가치의 이득은 물리적·물질적 안전, 기술을 통해 얻는 자신감과 자의식, 자연체계에 대한 인간의 물리적 의존의 인지도 포함된다.

구분	가치의 정의	가치와 관련하여 적용 가능한 이득
미적 가치 (aesthetic)	자연의 물리적 매력	-조화, 균형의 감각 -호기심, 상상력, 발견을 자극
지배적 가치 (dominionistic)	자연의 통제와 지배	-독립성, 자율성, 모험심, 지적 성취감 -재치, 용기
인본주의적 가치 (humanistic)	자연과의 감성적인 유대	-친밀감, 동료애, 신뢰, 사회관계의 능력 -자신감과 자아실현

도덕적 가치 (moralistic)	자연과의 윤리적이고 정신적인 관계	-선량함과 존경심 -사회성 향상
자연주의적 가치(naturalistic)	자연의 모험과 발견	-모험, 발견, 호기심, 탐구심, 상상력 -자신감과 자의식
부정적 가치 (negativistic)	자연의 두려움과 반감	-해(害)와 부상을 피하고 불확실성을 최소화 -자연에 대한 겸손함, 경외감
과학적 가치 (scientific)	자연에 대한 지식과 이해	-비판적 사고, 문제 해결 능력 -관찰과 분석 능력
상징적 가치 (symbolic)	언어와 상상의 원천으로서의 자연	-언어와 숫자를 통한 분류와 정의 능력 -상상과 상징을 통한 의사소통 능력
실용적 가치 (utilitarian)	물질적, 물리적 보상자원으로서의 자연	-자신감과 자의식 -자연에 대한 인간의 물리적 의존에 대한 이해

<Borin(2005)/ Kellert(2002) 참조>

CHAPTER 3

청소년과 숲교육

교육(education)이라고 하면 대부분 학교교육 즉, 'schooling'을 생각한다. 그러나 학교교육은 학교에서 이루어지는 교육을 뜻하는 한정된 의미를 지니고 있다. 가정교육은 'homeing', 교회교육은 'chuching'이니, 숲이 교육의 장소인 숲교육은 'foresting'이라고 이름붙일 수 있을 것이다. 이 네 가지 교육이 조화를 이룰 때 최상의 인성교육이 이루어질 것이다.

학교교육과 숲교육이 조화롭게 이루어질 수 있는 지점 중의 하나가 청소년단체 활동이다. 청소년단체로서 바다에 해양소년단이 있고, 하늘에 우주항공단이 있다면 숲에는 숲사랑소년단이 있다. 나는 이 단체에서 10여 년간 일하며 청소년 지도자들을 만났다. 이 글에는 그분들과 함께 숲교육의 미래에 대해 밤새도록 고민하며 나누었던 이야기들이 담겨 있다.

숲교육 청소년단체 활동의 현황[13)]

1. 행복하지 못한 청소년

2011년 청소년통계에 의하면 한국의 청소년 60~70%가 스트레스를 받고 있으며 그 원인은 공부(57.6%), 부모갈등(16%), 외모 및 친구관계 등으로 나타났다. 특히 공부에 대한 스트레스는 전 세계에서 한국이 1위이며, 청소년들의 주관적 행복지수도 세계 최하위 수준이다. 행복하지 못한 청소년들은 스트레스의 해소 방법으로 남학생은 게임(47.7%)을, 여학생은 예능시청(40.5%)을 선택하고 있는 것이 현실이다. 이러한 청소년들의 답답한 상황은 다양한 문제행동으로 분출되고 있다(통계청, 2011).

최근 들어 청소년들의 학교 폭력 문제가 사회문제로 크게 대두되면서 청소년 숲교육이 대안의 하나로 언급되고 있다. 2012년에 '산림교육의 활성화에 관한 법률'이 시행되고,[14)] 학교 폭력과 게임 중독을 해결하기 위해 산림청이 전개한 '숲으로 가자 운동' 참가자만 50만 명에 달했다는 보도자료[15)]는 그 일면

13) 조규성(2013)에 게재된 글의 일부를 수정하였음.

14) 이 법률은 산림교육을 "산림의 다양한 기능을 체계적으로 체험・탐방・학습함으로써 산림의 중요성을 이해하고 산림에 대한 지식을 습득하며 올바른 가치관을 가지도록 하는 교육"이라고 정의하고 있다. 이 글에서는 '산림교육'이라는 용어 대신 일반적으로 사용하는 '숲교육'이라는 용어를 사용하였다.

15) 서울신문. 2013년 6월 11일자. http://www.seoul.co.kr/news/ newsView.

을 보여준다. 그러나 이러한 사회 현상에 비해 중・고등학생 등 청소년에 대한 숲교육의 현황 및 효과에 대한 과학적인 자료는 부족한 실정[16]이며, 특히 학교 현장에서 활동하는 숲교육 청소년단체에 대한 자료는 더욱 찾아보기 어렵다. 국내에서 발표된 숲교육 청소년단체 활동에 관한 연구로는 곽순내(2010)와 장은영(2009) 등을 찾아볼 수 있을 뿐이다.

이 글에서는 학교 폭력 등 청소년 문제가 대두되는 사회적 현실의 교육적 대안 모색이라는 차원과 함께 이에 따른 정책적 노력의 일환으로 추진되는 대표적인 청소년 숲교육 단체인 숲사랑소년단[17]에 대한 과학적 접근을 통해 향후 청소년을 대상

---

php?id=20130611007004. 산림청 국립산림과학원에서 지난 2013년 5월 '청소년 문제와 산림교육' 세미나를 주최한 것도 그 일례이다.

16) 서울신문. 2013년 9월 17일자. http://www.seoul.co.kr/news/newsView.php?id=20130917023002

17) 2010년을 기준으로 한국청소년단체협의회에 등록된 72개 청소년단체 중 숲교육을 목적으로 설립된 단체는 숲사랑소년단이 유일하다. 숲사랑소년단은 숲이라는 장소를 통해서 활동하는데, 이렇게 특정 장소와 연계된 청소년단체로는 농촌・청소년미래재단(농촌), 한국4-H본부(농촌), 한국우주소년단(우주), 한국항공소년단(하늘), 한국해양소년단연맹(바다), 한국청소년스킨스쿠버협회(바다) 등이 있다(청협, 2010).

대부분의 청소년단체는 주관 정부부처가 있는데, 숲사랑소년단은 산림청에 소속되어 있다. 청소년정책분석평가센터가 2011년도 기준으로 정리한 자료의 중앙행정기관별 청소년정책 사업수를 보면 여성가족부(85개)가 가장 많고, 교육과학기술부(35개)와 문화체육관광부(28개), 법무부(17개), 외교통상부(12개)가 그 뒤를 따르며, 대부분의 부처가 2~10개의 청소년정책을 가지고 있다. 이 자료에 의하면 산림청의 청소년정책 사업수는 1개이다. 최근 산림청은 산림교육활성화에 관한법률을 제정하는 한편, 생애주기별 산림복지 체계 구축을 통해 청소년 숲교육 정책을 추진하고 있으며, 숲사랑소년단 육성 근거를 산림교육활성화에 관한 법률에 명기하고 산림 애호 청소년 육

으로 하는 숲교육 전반의 방향성을 모색해 보고자 하였다. 이를 위해 참여교사들을 대상으로 포커스그룹 인터뷰를 실시하여 자료를 수집하였고, 근거이론에 따라 수집된 자료를 분석하였다. 이러한 과정을 통하여 숲교육 청소년단체의 활동 현황 및 효과 등에 대한 지도교사의 인식을 확인하였다.

2. 청소년활동과 숲교육의 효과

청소년기본법에서는 청소년단체를 청소년 육성을 주된 목적으로 설립된 법인 또는 대통령령이 정하는 단체라고 정의하고 있다. 청소년단체 활동[18]의 교육적 의의는 다음과 같다. 첫째, 교과서 중심의 지식 교육을 보완할 수 있는 전인교육의 장이자 사회교육의 장으로서의 역할을 수행한다. 둘째, 건전한 여가활동을 통해 인격 성장과 자아실현과 지적 발달을 돕는다. 셋째,

---

성에 대한 의지를 보이고 있다.

18) 청소년활동이란 "청소년의 균형 있는 성장을 위하여 필요한 활동과 이러한 활동을 소재로 하는 수련활동·교류활동·문화활동 등 다양한 형태의 활동"(청소년기본법 제3조3항)으로 규정되며, 각각의 영역은 다음과 같다. 첫째, 청소년수련활동은 청소년이 청소년활동에 자발적으로 참여하여 청소년 시기에 필요한 기량과 품성을 함양하는 교육적 활동으로서 청소년지도자와 함께 청소년 수련거리에 참여하여 배움을 실천하는 체험활동을 말한다. 둘째, 청소년교류활동은 청소년이 지역 간·남북 간·국가 간의 다양한 교류를 통하여 공동체의식 등을 함양하는 체험활동을 말한다. 셋째, 청소년문화활동은 청소년이 예술활동·스포츠활동·동아리활동·봉사활동 등을 통하여 문화적 감성과 더불어 살아가는 능력을 함양하는 체험활동을 말한다(청소년활동진흥법 제2조).

자신이 계획하고 실천할 수 있는 새로운 영역을 제공함으로써 창의성을 계발하고 자신과 사회·문화를 객관적으로 바라볼 수 있는 기회를 제공한다. 넷째, 신체적 향상은 물론 정신적 스트레스를 해소함으로써 건강한 자아실현, 협동, 봉사정신을 함양하여 원만한 공동생활을 영위하고 국가사회 발전에 기여한다. 다섯째, 집단활동을 통해 또래의 문화 속에서 자신을 동화시키고 조화시킴으로써 새로운 자아를 형성하고 구성원 간의 유대를 통하여 민주시민의 자질을 기르고 자립적인 태도와 정신을 함양한다(서혜정, 2005).

한편, 청소년활동의 효과는, 첫째, 청소년의 자아존중감(self-esteem), 자아개념(self-concept), 자기효율성(self-efficacy) 등을 향상시킨다. 둘째, 자기효능감이 높아지면서 자신이 수행하는 과업이나 행동의 범위가 크게 확대되고 궁극적으로는 학업성취도가 제고된다. 셋째, 야외활동을 통하여 성, 학문적 능력, 육체적 능력 등이 다르게 나타남을 인식하게 되고 이러한 능력을 바탕으로 새로운 기회를 실천할 수 있는 방안을 얻게 된다. 넷째, 사회화 과정을 효과적으로 형성해 나가도록 만드는 중요한 계기가 된다(김영철, 2005).

특히 숲이나 자연에서의 청소년활동의 중요성과 관련하여 Pyle(2002)은 자연과의 경험적인 접촉이 감소했을 때 청소년들은 신선한 공기와 함께 운동하는 것이 부족하게 되고, 점점 비만해지고 게을러지며, 육체적인 활동을 찾기보다는 컴퓨터나 텔레비전에 의존하고 그것에 길들여진다고 하였다. 나아가 지적으로, 정신적으로 문제를 겪게 될 수 있다고 경고하면서 교육 환경의 중요성을 강조하였다. Kahn(2002)은 환경에 대한 세대 간 기억상실증(Environ-mental Generational Amnesia)[19)]은 그 기준이 어린 시절이므로 그 문제 해결도 어린 시절에 시작하는 것이 좋다며, 해결책으로 아이들과 자연과의 상호관계를 최대화하기 위해 아이들을 구성주의 환경교육에 참여시켜야 한다고 제안하였다.

숲교육의 효과와 관련된 연구는 최근 들어 숲유치원 관련 연구를 중심으로 활발히 발표되고 있다. 2012년까지 발표된 숲교육의 영향 및 효과에 관한 주요 연구 결과를 살펴보면, 환경 감수성이나 환경에 대한 인식 및 태도에 미치는 영향, 감성이나 창의성, 사회성, 자아개념 등에 미치는 영향, 과학이나 언어 등 교과 관련 능력이나 태도에 미치는 영향 등 크게 3가지 영역으로 나누어 볼 수 있다.

숲체험 활동이 유아나 초등학생의 환경친화적 태도와 생명존중 의식에 미치는 긍정적인 영향에 대한 연구 결과로는 강영식과 김용숙(2012), 고정우와 홍승호(2010), 강선미 외 2인(2011) 등 학술지 발표 논문과 김수현(2012), 박소형(2011), 강선미(2010), 곽순내(2010), 고성우(2010), 임영이(2009), 장은영(2009) 등 석사 학위 논문이 2000년대 초반부터 최근까지 꾸준히 발표

19) 사람들은 나중에 환경 파괴 정도를 비교할 때, 어린 시절 접했던 자연환경을 기준으로 삼는데, 한 세대의 어린 시절 환경은 그 전에 비해 환경 파괴의 양이 증가한 상태이지만 그 세대는 그 상태를 평균적인 상태로 간주한다는 것이다. 즉 환경에 대한 세대 간 기억상실증의 발단은 이전 세대가 저지른 환경 파괴에 대한 부담을 가지지 않고 각각의 세대가 새롭게 시작한다는 데 있다(조규성, 2010).

되고 있다. 숲교육이 아동의 정서, 감성, 창의성, 사회성, 자아개념 등에 긍정적인 영향을 끼친다는 연구 결과로는 박효진 외 2인(2010), 김덕건과 김효진(2006) 등 학술지 발표 논문과 함께 이광미(2012), 소명수(2012), 이경화(2012), 송창레(2012) 등 석사학위 논문이 발표되었으며, 박사학위 논문으로는 숲 활동이 유아의 다중지능에 미치는 영향을 연구한 박신자(2012)와 생명존중 교육 프로그램이 중학생의 죽음불안, 자살위험성, 생명존중 의식에 미치는 영향을 분석한 송미경(2012) 등이 발표되었다. 숲교육이 과학, 수학, 어휘력, 음악 등 교과 교육에 긍정적인 영향을 끼친다는 결과를 낸 연구도 다수 발표되었다. 과학적 태도 등에 대해서는 차명애(2011), 최정애(2010) 등 박사학위 논문을 포함하여 김미숙(2012), 김학선(2008), 남홍현(2007) 등이 있으며, 수학적 능력에 대해서는 이남희(2011), 서영민(2008) 등이 있고, 언어표현력 등에 대해서는 이종헌(2011), 오소영(2010), 이인숙(2008) 등이, 음악능력 발달에 대해서는 문영희(2010) 등이 발표되었다.

3. 이야기 수집

자료 수집을 위해 포커스그룹 인터뷰 방법을 사용하였다. 포커스그룹 인터뷰는 한 가지 주제에 초점을 맞춘 조직적인 그룹토의이다. 즉 포커스그룹은 허용적이고 비위협적인 환경에서 주어진 관심사에 대한 지각을 얻기 위해서 설계되며 주의 깊게 계획되어진 토의를 말한다. 포커스그룹 인터뷰가 타 연구법과 다른 점은 그룹토의(group discussion)를 이용하여 자료를 도출해내는 것이다. 포커스그룹의 구성원은 토론 시간에 집단 구성원의 다양한 경험과 견해를 서로 배운다(김성재 외 4인, 2000; Hatch, 2002).

'전국 숲사랑소년단 지도자 워크숍'의 일환으로 포커스그룹 인터뷰를 진행하였다. 참가자들은 숲사랑소년단 활동에 참여하는 교사들(대학교수 1명, 숲해설가 1명 포함)이었으며, 총 19명의 교사가 참여한 가운데 A그룹과 B그룹 등 2개 그룹으로 나누어 진행하였다.[20] 각각 1시간 정도의 시간이 소요되었다.

〈표 2〉 포커스그룹 인터뷰 A그룹 참여교사

교사	a교사	b교사	c교사	d교사	e교사	f교사	g교사	h교사	i교사	j교사
학교급	고	초	고	초	중	초	초	초	초	초
지역	서울	광주	안양	서울	대전	전남	경남	서울	경남	강원
숲교육경력	10년	5년	3년	10년	5년	10년	10년	5년	10년	3년

〈표 3〉 포커스그룹 인터뷰 B그룹 참여교사

교사	k교사	l교사	m교사	n교사	o교사	p교사	q교사	r교사	s교사
학교급	초	일반	고	대	중	초	중	중	초
지역	서울	서울	대전	대전	대전	광주	대전	경남	경기
숲교육경력	10년	5년	3년	3년	3년	3년	10년	10년	10년

20) 포커스그룹의 수는 주제가 중간 정도의 복잡성을 가지고 있고 연구 참여자가 중간 정도의 다양성을 가지고 있을 때 2~4개 정도가 일반적이다(이혜원, 2009; 윤숙희, 2013).

참가자들에게는 인터뷰 일주일 전에 사전 질문지를 메일로 배포하였다. 인터뷰를 진행하기에 앞서 진행을 맡은 교사에게 포커스그룹 인터뷰 방법에 대한 개요와 진행상 유의사항을 설명하였고, 참고자료로 포커스그룹 인터뷰의 이해를 돕는 1면짜리 유인물을 전달하고 참여한 교사들에게 안내해 주도록 요청하였다. 인터뷰를 진행하는 동안 참가자의 동의를 얻어 녹음용 카세트테이프를 이용하여 녹음을 하였고, 토의가 끝난 후 모든 내용을 전사하고 분석하였다.

분석은 근거이론(Grounded Theory)에 따랐다. 분석 방법으로 채택한 근거이론은 "어떤 현상에 적합한 개념적 틀이 아직 명확하게 확인되지 않고 개념 간의 관계에 대한 이해가 부족하거나 특정한 문제에 대한 반복 연구가 수행되지 않아 적합한 변수들과 적합하지 않은 변수들을 결정할 수 없을 때 사용하는 연구방법론"(박연숙, 2000)으로서 이 연구에 적합하다고 판단하였다.

개념을 밝히고 그 속성과 차원을 자료 안에서 발견해 나가는 개방코딩, 범주와 하위범주를 연결시키는 축코딩, 범주를 통합시키고 정교화하는 선택코딩 과정을 거쳤다. 개방코딩 과정에서 전사 파일은 '정의', '맥락1(교사)', '맥락2(학생)', '맥락3(활동환경)', '활동내용', '활동방법', '활동 성과', '활동 효과', '활동 개선점', '활동 조언' 등 10개의 파일로 나뉘었으며, 축코딩 과정에서 4개의 범주와 17개의 하위범주로 다시 연결되었다. 코딩을 진행하는 동안 작성된 메모를 바탕으로 선택코딩이 이루어졌고, 최종적으로 1개의 메트릭스로 정리하였다.

4. 숲교육 청소년단체 활동에 대한 선생님들의 생각

1) 활동이 이루어지는 맥락

학교 현장에서 숲사랑소년단 활동은 활동 주체, 활동 형태, 학교의 위치, 경비 조달 방법, 학교장과 교사의 열의 및 역량 등에 따라 활동이 다양하게 이루어지며 활동 방향이 결정된다.

(1) 활동 주체

"올해 처음 이 일을 받았는데 저는 업무로 받았거든요. … 솔직히 이런 게 있는지를 몰랐어요."

"숲사랑소년단에서 활동을 상당히 했습니다. 저는 나름대로 열심히 하고 있거든요."

숲사랑소년단의 활동 주체는 교사와 학생이다. 숲사랑소년단 지도교사는 지위나 역할 등이 다양하다. "강릉지역에 숲사랑소년단 조직 운영을 해 볼까" 구상하는 교장도 있고, "교과는 체육 교과를 맡고" 있는 교사도 있다. 활동을 하게 된 계기나 참여 정도도 다르다. 새내기 지도교사가 있는 반면, 베테랑 지도교사도 있다. 교사의 입장과 생각이 다양한 만큼 숲사랑소년단 활동도 다양한 양상으로 전개되고 있다.

"날이 갈수록 자신의 감정과 분노를 조절하지 못하는 학생들이 많이 생겨나고 있어서요."

한편, 교사들이 이야기하는 학생들도 다양하다. "숲속에 데려가면 그렇게 좋아하는 초등학생들이 있는 반면, 뛰어 놀아라 하니까 뛰어놀진 않더라고요. …." 뭐 묻는 것도 싫어하고 벌레들도 싫어하고, 그래서 잘 즐기지 못하는 고등학생들도 있다. "감정과 분노를 조절하지 못하는 학생들이 많이 생겨나고 있다"는 초등학교 교사의 말도 요즘 학생들의 모습을 드러내는 일면이다.

(2) 활동 형태

"작년까지는 우리 반 중심으로 우리 반을 데리고 활동을 했어요. 그렇게 하면 제가 다른 수업에 제약을 받지 않고 자유롭게 활동을 할 수 있기 때문에."

"저는 RCY를 하고 있거든요. 그래서 RCY 학생들을 무조건 숲사랑소년단에 가입하는 걸로 학생들 모집할 때 계획이 아예 그렇게 나가요. RCY 하는 애들이 숲사랑소년단 활동을 하니까 컵스카웃 애들이 부러워하고."

활동 형태는 숲사랑소년단 활동에 영향을 끼친다. 대개 학급 단위와 동아리 단위로 활동하고 있었다. 초등학교의 경우 "담임선생님이 함께 가기 때문에 학부모님이 잘 보내주시는 편"이라는 이야기에서 확인할 수 있듯 학급 단위로 활동할 때 유리한 점이 많다. 중·고등학교의 경우 "(동아리 활동) 4가지를 맡고. 숲사랑소년단만 가지고 운영하기에는 학교에서 굉장히 제약이 많다"는 교사와 같이 타 동아리와 연계하여 활동하기도 한다.

(3) 학교의 위치

"저희 학교가 수리산에 위치하고 있어요. 산중턱에 위치하고 있어서 활동을 하기에는 유리한 조건인데요."

"숲사랑소년단을 애들이 좋아하는 게, 학교에 산이 있어요. 학교 뒷산이 굉장히 경사진 산이면서 한 1.5Km 정도 되는 산이면서 체육놀이 시설 하고 있으니까 아이들이 굉장히 즐거워했고."

'학교 위치'도 활동에 영향을 미치는 요소이다. 학교 주변에 숲이 있을 때 숲사랑소년단의 활동이 효과적으로 운영될 수 있음을 확인할 수 있다.

(4) 경비 조달 방법

"시골에 있는 학교다 보니까 학생들한테 돈을 내라 이런 말은 못합니다. 경비를 여러 가지 방안을 강구해서…. 학교에서 지원도 안 해 주니까 저는 공모를 해서 대부분 충당합니다. 올해 같은 경우는 환경체험학습 해 가지고 도에서 700만원…."

"계발활동 시간에 300만원 받아서 교육활동 했던 자료를 가지고 있어서 이번엔 돈을 받진 않고 그 아이들을 일주일에 한 번씩 모아서 했는데요."

> “과학창의재단에서 하는 그 청소년 과학탐구 있잖아요. 숲사랑소년단 활동비 60만원 받은 거랑 그쪽에서 150만원….”

“프로그램을 진행하다 보니까 가장 문제가 경비”라는 교사의 말에서 알 수 있듯 활동 경비는 활동에 영향을 주는 중요한 요소이다. 이 교사는 활동 경비를 학생 자부담이나 학교 지원으로 하기 어렵기 때문에 교사가 자체적으로 외부 공모에 지원하여 활동비를 충당하고 있다고 하였다. 숲사랑소년단에서 제공하는 활동비 지원 프로그램이나 타 청소년단체 지원 프로그램을 활용하는 사례도 있다.

(5) 학교장, 교사의 열의 및 역량

> “사실 저희 고등학교에서는 동아리가 시간적으로 어렵긴 하지만 학부모님들도 이해를 많이 해 주시고 학교에서도 많이 이해를 해 주셔서, 교장 선생님께서도 제가 여기를 참가한다고 하니깐 호주머니를 풀어가지고 조금이라도 기부금을 내신 거거든요.”

학교(학교장, 학부모 등)의 이해와 협조 여부는 활동에 많은 영향을 끼친다. 위 사례의 지도교사는 “그래서 우리 학교에서 가장 열심히 하는 동아리가 그린레인저(숲사랑소년단)”라며 즐거워한다.

> “청소년단체로 작년까지 이름은 그린레인저라고 반강제로

등록을 시켰고 선생님 한 분을 지도교사로 요청을 해 드렸어요. 그 경비는 모두 제공을 해 드리고 했는데. 작년에 등록했다가 금년에 없어졌습니다. 그 지도교사 선생님이 하시는 말씀이 뭘 어떻게 해야 하는지 몰라서 못하겠습니다라는 결론이었습니다. 그래서 지도자 연수 같은 교육이 있을 것이라 예상했는데 그게 빗나갔고요."

한편, 교장 선생님이 적극적으로 지원해도 활동 활성화가 되지 못하는 경우도 있는데, 그 차이는 바로 '지도교사의 열의와 역량'이라는 사실을 대비되는 위의 두 사례에서 확인할 수 있다.

2) 무엇을, 어떻게 활동하나? - 내용과 방법

'무엇을, 어떻게 활동하나'와 관련된 두 개의 범주, 즉 내용과 방법에 관한 범주는 숲교육 청소년단체 활동의 현황을 파악하는 데 있어 핵심적인 부분이다.

■ 무엇을 하나?

지도교사들이 이야기하는 숲사랑소년단 활동 내용은 크게 3가지로 정리되었다. 숲에서 놀면서 스트레스를 해소하고 정서에 도움이 되도록 하는 인성교육 측면의 활동, 숲의 소중함을 알게 하여 숲과 환경을 보호하도록 하는 환경교육 측면의 활동, 교육과정상의 교육활동을 효과적으로 운영하기 위한 교과

교육 측면의 활동 등이다.

(1) 인성교육 측면 - 숲을 누리는 활동

"주된 내용이 숲에 나가서 즐기고 하천에 나가서 보고 즐기는 것입니다. 자연은 도시에 살고 있으니까 나갈 기회가 별로 없는데, 나가서 즐기고 거기서 마음껏 놀자라는 목적을 가지고 있습니다."

"아이들이 운동하는 시간, 마음껏 뛰어노는 시간이 없고 학원만 계속 간다며 스트레스가 쌓인다는 학생들이 많기 때문에 제가 데리고 나가서 숲에서 마음껏 뛰어놀고 소리도 좀 지르고 그렇게 하면서 감정 해소를 좀 하고 숲을 느낄 수 있는 시간을 많이 갖고 있어요."

교사들이 이야기하는 숲사랑소년단 활동은 숲에 나가서 '마음껏 즐기고 노는' 활동이다. 즉, '간섭받고', '자유롭지 못한' 곳에서 '벗어나는' 활동, 일상에서 벗어나는 동시에 자유를 누리는, 학생들의 '일상 탈출' 활동이다. 이 교사들은 아이들이 자연이나 숲에 나갈 기회가 별로 없으며, 스트레스를 풀 기회가 별로 없기 때문에 "마음껏 뛰어놀고 소리도 좀 지르고 그렇게 하면서 감정해소를 좀" 할 시간을 갖도록 하는 활동으로 숲사랑소년단 활동을 선택했다고 하였다.

"토요일 날 숲속 체험활동을 하면서 요가도 하고, 생각도 하고, 자기 미래의 꿈도 꾸고 해서 그런 인성교육과 학교 폭력교육과 같이 겸비해서 진행을 했어요."

"진로교육 영역에서 학교 내 대안교실을 운영하라고 했습니다. 그게 명칭을 꿈 키우는 교실이라고 하였습니다. 속한 아이들은 학교 폭력 피해자나 다문화가정, 또는 학습부진아 등 학교에 적응하지 못한 아이들이 대상이 될 수 있는데 저는 이 사업에 저희 활동을 다 투입했습니다."

또한 교사들은 숲이라는 장소를 활용하여 숲사랑소년단 활동을 "생각도 하고 자기 미래의 꿈도 꾸는" 인성교육이나 학교폭력 교육 활동으로 진행하고 있었으며, 나아가 학교에 적응하지 못한 아이들을 대상으로 한 대안교실 운영과 연계하여 다문화 교육, 진로교육 등 활동에 숲사랑소년단 활동을 투입하기도 하였다.

(2) 환경교육 측면 - 숲을 지키는 활동

"숲사랑소년단 활동은 우리 주변의 자연과 환경이 우리 인간과 어떤 관계가 있으며, 이들을 이해하고 보호하고 보전하는 것이며, 그들이 참으로 우리 인간에게 고맙다는 것을 인식하고 함께 공생하게 하는 활동입니다."

"저희는 두 가지 방향성을 가지고 활동하고 있어요. 하나는 숲 보전에 대한 것이고요. 하나는 저탄소생활에 대한 것입니다."

"자연이 인간과 공존되어야 된다는 가치관을 심어주는 것이 중요하거든요. 그게 어떻게 보면 목적이고 방향성이라고 봅니다."

한편, 교사들이 인식하고 실천하는 숲사랑소년단 활동은 숲과 지구를 지키는 활동이다. 숲사랑소년단 활동은 우리 주변의 자연과 환경이 우리 인간과 어떤 관계가 있는지 '알고' 이해하며, 그것들이 참으로 우리 인간에게 고맙다는 것을 인식하게 하는 활동이며, 이러한 인식을 바탕으로 자연과 환경을 보호하고 보전하며 나아가 그(것)들과 함께 '사는' 활동이다. 따라서 교사들은 이 활동을 통해 학생들에게 자연이 인간과 공존되어야 한다는 가치관을 심어주고 숲을 보존하고 저탄소생활을 실천하도록 지도한다.

(3) 교과교육 측면 - 숲을 배우는 활동

> "초등학교에서는 스팀(STEAM) 융합교육 있잖아요. 그 활동으로 숲사랑소년단 활동이 굉장히 좋거든요. 5학년 같은 경우는 숲, 하천이 많이 나오잖아요. 그래서 과학하고 국어 활동이 부딪혔을 때 주제 통합, 이런 식으로 수업을 해요."
>
> "교과교육 측면에서 말씀하셨는데, 저는 생명과학 담당인데 수업시간에도 많이 강조를 하고. 대전에는 그린스타트가 있어요. 그래서 거기에는 선생님이 오셔가지고 강의를 해 주시고 일요일 아침마다 온도를 재서 문자로 보내고 온도변화가 어떻게 되는지 해서 1년 뒤에 통계를 삼아서 거기서 곧 논문 식으로 나올 것 같아요."

숲사랑소년단 활동은 숲에 대해 배우는 활동이다. "숲은 하나의 커다란 자연의 실험실"이라는 레오폴드의 말처럼(신원섭,

1997), 숲은 훌륭한 학습 환경이 된다. 숲사랑소년단 지도교사들은 숲과 자연의 현상들을 관찰하거나 탐구하는 과학 교과나 자연 속에서 자신의 생각이나 감정을 이야기하거나 글로 표현하는 국어 교과, 나아가 융합인재교육(STEAM) 같은 교과 간 통합 등 숲사랑소년단 활동을 학교 교육과정과 연계하여 활용하고 있다.

■ 어떻게 하나

(1) 활동 방법

"야생화, 텃밭 가꾸기 많이 해요. 보통 저는 3월부터 12월까지 하는데 12월 말에는 숲에 가서 겨울나는 숲의 모습이라든가 매년 꽃눈 관찰도 해 보고 식물들한테는 미안한 얘기지만 꽃도 실제로 따봐서 뜯어보고. 그러면 애들이 즐거워합니다."

<탐구(실험, 관찰)활동>

"지하에 매장되어 있는 자원과 관련된 내용인데 그것에 관련하여 게임을 만들었는데요. 작은 보이지 않는 봉지에 두 가지 자원을 표시한 리본을 하나는 파란색 하나는 붉은색으로 표시한 후 게임에 참가한 사람이 거기에 있는 자원을 개발해서 그것이 붉은 색이면 지구온난화에 문제가 되는 자원을 캔 것이구요. 붉은색을 꺼낸 사람일수록 그 게임에서 탈락해서 그 게임을 못하게 되는 그런 상황이에요."

<놀이(게임)활동>

"저희는 저탄소 생활화를 했거든요. 이면지 재활용해서 노트 만들기라든가, 포도를 먹고 껍질로 흰옷 염색이라든가, 천연비누 만드는 것이라든가 이런 것들을 연계해서 하고. 교내 축제 때 에너지 절약 캠페인 활동을 하고요."

<실천(캠페인)활동>

"대전에는 그린스타트가 있어요. 그래서 거기에서 선생님이 오셔가지고 강의를 해 주시고…."

<강의수업(지식)활동>

"영산강 환경유역청과 연계하여 생태체험도 같이 하고 있는데요. 생태체험 후기를 아이들이 직접 올리는 활동을 통해서 더 자료를 많이 조사하고 지역에 대한 많은 정보를 얻을 수 있게 활동하고 있습니다."

<체험(생태)활동>

"초등학교에서는 스팀(STEAM) 융합교육 있잖아요. 그 활동으로 숲사랑소년단 활동이 굉장히 좋거든요. 5학년 같은 경우는 숲, 하천이 많이 나오잖아요. 그래서 과학하고 국어 활동이 부딪혔을 때 주제 통합, 이런 식으로 수업을 해요. 그리고 또 저희 학교 같은 경우는 블록 수업을 하거든요? 그 블록 수업을 할 때 숲사랑소년단 애들을 학급에 끌어들여서 이 수업을 하고 숲 리더처럼 학교 숲 리더로 정해가지고 같이 움직였어요."

<통합적 교육-융합교육 (STEAM), 주제통합 수업, 블록 수업>

숲사랑소년단에게 숲은 공식적인 배움의 장소이다. 지도교사들은 숲에서 숲을 통해 가르친다. 실험이나 관찰 등을 포함하는 탐구활동, 게임 등 놀이활동, 캠페인 등 실천활동, 숲해설이나 나무심기 등 체험활동, 강의나 강연 등 강의식 수업 등의 방법으로 사용한다. 특히 최근에는 STEAM 융합교육이나 통합교육과정을 위한 수업, 블록 수업 등에도 숲을 통한 교육 활동이 효과적으로 활용되고 있기도 하다.

(2) 활동 중점 - 자주, 즐겁게, 실천할 수 있게

"학교 주변에 가까운 곳도 가고 두 시간 정도 버스를 타고 가는 곳도 가면서 우리 주변에 숲이 많다는 것을 일깨우고, 그 숲을 얼마나 중요하고 소중하게 생각해야 되는지를 깨닫는 자리가 될 수 있도록 항상 얘기하고 있습니다."

"가서 실컷 놀아 라고 하면 자기들끼리 게임도 만들어서 하고 그래요. 그러다보면 자연적으로 애들이 관심도 있어 하고. 아이들이 스스로 숲에 관심을 갖게 하고 그러다 보니까 애들이 관찰을 많이 해요."

"자주 나가야 할 것 같아요. 몇 번 반복적으로 데리고 나가고. 생태체험으로 안양에 관악수목원이 있어요. 거기도 몇 번 데리고 가고. 아이들이 1년 정도 같이 활동을 하게 되면 생태적 감수성이 살아나고 자연친화적인 생활에 눈을 뜨는 것 같아요. 그런 식으로 숲을 사랑하는 마음이 이론적으로 되는 게 아니라 나가서 접했을 때 생기는 것 같아요."

숲에서 인성함양 활동을 하든 환경보호 활동을 하든 교과교육 활동을 하든, 먼저 필요한 것은 아이들이 숲과 친숙해지도록 하는 일이다. 숲과 친해지게 하기 위해서는 지속적으로 숲으로 가야 한다. 숲사랑소년단 지도교사들이 하는 일은 "학교 주변에 가까운 곳"이든 "두 시간 정도 버스를 타고 가는 곳"이든 아이들을 숲으로 데리고 나가는 일이다. 그럴 때에 "아이들을 자연으로 내보내라. 언덕 위와 들에서 아이들을 가르치라. 그곳에서 아이들은 더욱 좋은 소리를 들을 것이고, 그때 가진 자유의 느낌은 아이들에게 어려움을 극복할 수 있는 힘을 줄 것이다"는 페스탈로치의 말처럼 아이들은 숲에서 배울 것이다.

> "숲사랑소년단 활동 능률을 높이기 위해서는 활동 자체가 학생들이 즐겁고 교사들이 즐겁고 힘들지 않고 복잡하지 않아야 합니다."
>
> "애들이 제일 좋아하는 것이 관심 갖는 것이죠. 또 재밌어야 돼요."

학생에게든 교사에게든 즐겁고 재미있어야 활동 능률이 오른다고 하였다. 활동이 힘들지 않고 복잡하지 않아야 재미도 있고 관심도 가지게 된다.

> "환경교육, 입으로만 할 것이 아니라 아이들이 작은 것 한 가지라고 실천할 수 있을 때 그게 바람직한 방향이 아닐까 생각합니다."

"저는 초등학교에서 근무하고 있는데 크게 다른 프로그램보다는 애들이 우리 주위에서부터 아낄 수 있고 사소한 일이지만 참여해서 함께 나눌 수 있는 프로그램 제공이 어떨까 하고요."

또한 일상에서 할 수 있는 활동이 있어야 한다. 작은 것 한 가지라도 실천할 수 있는 활동이 필요하며, 주위에서 쉽게 참여해서 나눌 수 있어야 한다.

3) 활동의 효과

교사들은 청소년 숲교육 활동의 효과로 '생태적 감수성 함양', '스트레스 해소 및 심리적 안정', '학교생활 및 대인관계 개선', '자연보호 생활화', '과학적 태도 향상', '진로 탐색에 도움' 등을 이야기했다.

(1) 생태적 감수성 함양

"자주 나가게 되면 오감을 통해서 숲을 느끼고 이해하고 생태적 감수성이 회복이 되면서 아이들이 숲이라는 것이 자기한테 좋고 우리에게 필요하고 이런 것을 느껴 갈 수 있는…. 그린레인저(숲사랑소년단)에 속해 있는 아이들이 다른 학생들에 비해서 좀 더 생활면에서 생태적으로 감수성이 풍부해지지 않나 보고 있습니다. 그러면서 마음도 좀 넓어지고."

"생명의 소중함, 사람만 중요한 줄 알았는데, 개미도 밟고 나무도 그랬는데, 정말 생명체들이 너무너무 소중하다. 식물도 그렇고, 동물도 그렇고, 모성본능이 정말 있구나. 이런 얘기를 할 때 그게 효과가 아닐까."

"농촌에 있으면서 텃밭 가꾸기가 왜 필요한가? 농촌아이들이 집에서 짓는 벼농사 과정도 잘 몰라요. 특히 밥상에 많이 오르는 채소 종류를 작년에 19종류까지 재배했어요. 토마토, 당근 등을 심어서 자기들이 직접 수확을 해서 맛도 보고 그러다보니까 정말 인성이 좋아져요."

"몇 번 반복적으로 데리고 나가고, 산에 나가고 생태체험으로 안양에 관악수목원이 있어요. 거기도 몇 번 데리고 가고. 아이들이 1년 정도 같이 활동을 하게 되면 생태적 감수성이 살아나고 자연친화적인 생활에 눈을 뜨는 것 같아요."

교사들은 생태적 감수성이 회복되는 효과에 대해 이야기했다. 생태적 감수성이 회복되면서 심성이나 사회적 관계성도 좋아지는 한편, 자연에 대한 생각이 변화하면서 자연을 보호하는 삶의 태도도 달라진다는 것이다.

(2) 스트레스 해소 및 심리적 안정

"애들한테 그렇게 즐기고 체험을 시키다보면 느끼는 것이 있으니까. 나가서 마음껏 놀고 즐기고 공부에 대한 스트레스를 풀고, 그렇게 하라고 데리고 다니고 있습니다."

"학생들이 자연과 접하면서 공부에 찌든 생활을 벗어나서 자기를 되돌아보는 그런 기회를 가지고, 자기개념을 찾고, 아주 좋은 방향으로….”

“그러면서 아이들 마음이 너그러워졌어요.”

“별을 바라보고 숲을 쳐다보면서 마음이 편해지고 아주 새로운 경험을 하게 됐다고.”

교사들은 학생들이 마음껏 놀고 즐기고 공부에 대한 스트레스를 풀 수 있기를 기대하면서 아이들을 숲으로 데리고 나간다고 했다. 그런 활동을 통해 “마음이 편해지고 아주 새로운 경험을 하게 됐다”는 아이들의 이야기도 했다. 숲사랑소년단 활동을 통해 청소년들이 스트레스를 해소하고 심리적 안정을 찾는다는 것이다.

(3) 학교생활 및 대인관계 개선

“토마토, 당근 등을 심어서 자기들이 직접 수확을 해서 맛도 보고 그러다보니까 정말 인성이 좋아져요. 그 싸우던 애들도, 제가 학교폭력 쪽으로도 말씀 드리려고 했었는데.”

“이번에 마지막으로 12월말에 계발활동 끝난다고 했더니 내년에 또 하시냐 이러면서 꼭 하고 싶다고 하고. 아이들이 처음에는 각 반에서 온 아이들이기 때문에 남 보듯이 하더니 나중엔 굉장히 사이가 좋아져서….”

“이 친구들이 모여서 집단 활동을 할 때 다른 아이들에게 더 낙인이 찍히지 않을까, 더 놀림거리가 되지 않을까 걱정을 했었는데, 1년 동안 활동하고 난 현재 오히려 다른 학생들이 같이 참여하고 싶다고 얘기를 하게 되고. '충분한 인성교육 대안교실의 활동으로 투입될 수 있구나'라는 효과를 확인했습니다."

"부모님과 같이 와서 학생 지도 겸 고추도 가꾸고 따서 가지고 가고, 선생님하고 얘기할 기회도 있고, 그런 활동들이 학생들의 인성에 영향을 미치는 것이 사실입니다."

"학교에 있는 수목 이름표를 100만 원 정도 들여서 했는데 자꾸 뽑혀지고 누가 따 버려요. 봉사활동 하는 아이들이 들고 와서 다시 붙여놓기도 하고. 학교에 대한 애착도 생기고 그렇게 된 것 같아요."

교사들은 청소년들이 숲사랑소년단 활동을 통해 숲과 자연에서 함께 뛰어놀기도 하고 수확의 기쁨을 나누기도 하면서, 우정을 쌓고 공동체 의식을 함양한다고 하였다. 또한, 부모나 교사와 대화하는 시간을 만들기도 하고, 자기를 돌아보고 자아정체감을 형성하는 계기가 되기도 하며, 적극성, 자발성, 리더십 등에도 영향을 주고, 학교에 대한 애착도 생기는 등 학생들이 학교생활 및 대인관계를 개선하는 데 도움을 주고 있다고 하였다.

(4) 자연보호 생활화

"우리가 생각할 때 온도 0.1도만 달라져도 지구에는 큰 환경의 변화가 오는데, 그 원인이 무엇인가 했을 때 저탄소 녹색성장, 여러 가지 이야기를 하죠. 일회용품 사용 안하는 것과

> 이면지 재활용하는 것만 해도 우리 애들 그것 하나는 열심히 하고 있습니다. 학교에 내는 보고서도 전부 그렇게 하고. 상당히 많이 우리 숲사랑소년단 아이들은 거기에 생활화되어 가고 있습니다. 입으로 하지 않고 정말로 실천하는 아이들이 많아지고 있어요."

숲사랑소년단 활동의 효과는 자연에 대한 인식과 태도의 변화와 함께 일회용품 사용 안하기, 이면지 재활용하기 등 생활 속 실천의 변화로 이어지는 것을 확인할 수 있다. "입으로 하지 않고 정말로 실천하는 아이들"이라는 자부심도 느껴진다.

(5) 과학적 태도 향상

> "그러다보면 자연적으로 애들이 관심도 있어 하고. 어린이들 스스로 숲에 관심을 갖게 하고. 그러다보니까 애들이 관찰을 많이 해요."
>
> "애들이 활동도 참 열심히 하고 적극성이 있어요. 자기 일을 스스로 탐구해 나가고."

한편, 숲은 아이들에게 질문을 유발한다. 숲에 관심을 갖게 된 아이들은 자연스럽게 자연에 대해 질문이 생기고 질문은 아이들이 자연을 관찰하거나 탐구하도록 이끈다. 교사들도 숲사랑소년단 활동을 숲과 자연을 활용한 과학 수업 등에 접목시키고 있었으며, 이러한 과정을 통해 자연스럽게 아이들의 과학적 태도가 향상되고 있음을 확인할 수 있었다.

(6) 진로 탐색에 도움

"제가 고등학교에서 그린레인저(숲사랑소년단)를 지도하면서 느낀 건데요. 자연의 소중함이 초등학교, 중학교에서 쌓였던 것이 고등학교에 와서는 이게 미래의 목표하고 연관이 되는 것 같아요. 저희 그린레인저 학생들이 대학을 진학할 때에도 지금 3학년 학생들이 수시지원을 할 때 어느 과를 지원하느냐를 보니깐 그린레인저 활동을 했던 학생들이 환경공학과에 두 명 지원해서 합격을 했고요. 두 명은 건축공학과에 지원을 했어요. 왜 건축공학과에 지원하게 되었느냐? 소개서를 쓰잖아요? 그래서 소개서를 읽어보니깐 자기가 활동을 하면서 어떻게 건축과 환경이 조화를 이루면서 환경적인 면에서 건축설계를 할 수 있을지 생각을 해 보았다고 하면서 소개서를 쓴 것이 굉장히 포인트가 된 것 같아요. 제가 고등학교에서 그린레인저 활동을 하면서 느낀 것은 이제 사회 나가고 대학 진학을 하는 데 동아리 활동이 굉장히 중요한 핵심적인 역할을 한다는 것을 알게 되었어요."

고등학생의 경우는 숲사랑소년단 활동을 하면서 "쌓였던 것(자연과 인간에 대한 관심과 질문)이 미래의 목표와 연관"되어 대학 전공을 선택하고 진학하는 데 핵심적인 역할을 하기도 하였다.

4) 개선점 및 활성화 방안

활동을 하면서 교사들이 당면하는 문제에 대한 개선점 및 제언들은 향후 숲교육 청소년단체가 발전하기 위해 귀 기울이고 신속히 개선하거나 보완해야 하는 사항들이다.

(1) 프로그램 강화

"공통적인 프로그램을 정해서 전국적으로 했으면 좋겠어요. 그러면 그린레인저(숲사랑소년단) 단체의 성과고 그것이 전국적으로 확산될 수 있는 역량을 가지는 거죠. 그리고 다음에는 더 많은 것을 파급할 수 있는 효과가 있는 거죠. 그리고 그것은 선생님들이 공유해줘야 된다는 거죠."

"근데 이게 하루 이틀로 되겠어요. 일 년 이상해야 될 거 아니에요. 고민하고 다양한 프로그램을 단계별로 뭔가를 만들고 이래서 연구하고 그런 걸 해야 되는데…."

"올해 우리가 학교 폭력 예방을 위한 숲교육으로 한번 방향을 잡아가지고 해서 각 학교별로 그 실적을 그냥 내라면 일거리잖아요. 짜증나는 일이야. 그러니깐 냈을 때 여가부나 문체부나 산림청이나 협의를 해서 사례 공모전을 해서 수상작도 좀 만들어주고 또 관심 있는 선생님들이 그렇게 내면, 학교 폭력 예방을 위해서는 숲에서는 이것도 가능하고 이것도 가능하고, 그래서 이게 사례가 되어 가지고 오늘 같은 날 발표를 하면 좋죠."

"모든 기관의 중심이 될 수 있는 것이 홈페이지입니다. 중앙

홈페이지 리모델링이 되어야 합니다. 그리고 언론 활동 효과… 단복 제작, 워크북 개발 이런 것도 몇 년째 얘기되고 있습니다. 작은 워크북 하나 제작했으면 좋겠습니다. 들고 다니면서 선생님들 모르는 사람들도 바로 지도할 수 있도록. 조금만 보수교육만 받으면 바로 지도할 수 있도록, 선생님이 모르면 데리고 나갈 수가 없습니다. 물론 자습을 해서 역량을 강화시키는 부분도 있지만 그러기는 쉽지가 않습니다."

지도교사들은 프로그램 개발 및 보급에 대한 필요에 적극적으로 공감하였다. 특히 몇몇 참여 교사들은 토의 과정에서 독자적인 공통 프로그램을 설계하여 실시하고 우수활동 공모 시상 등으로 동기를 유발하여 전국적으로 프로그램을 확산시킨다면 조직의 역량 강화에도 도움이 될 수 있다는 쪽으로 의견을 모으기도 하였다. 이는 단독 인터뷰와 달리 다른 사람의 의견에 영향을 주고받는 포커스그룹 인터뷰의 특징이기도 하다.

(2) 교사 연수 및 인센티브 강화

"연구라든지 공통 주제를 가지고 실천해 봤더니 굉장히 좋더라고 우수사례로 선정이 되면 그 사람들이 해외연수도 발탁이 돼서 자기 부담금 좀 줄이고 했으면 좋겠어요."

"조금이라도 이런 부분 지원이 있다면 활동 효과를 높이고 선생님들이 즐겁게 활동을 할 수 있지 않겠는가 생각을 합니다."

숲으로 나가서 활동을 많이 하는 숲사랑소년단에서 지도교사의 역량 및 참여 의지는 활동 활성화를 위해 매우 중요하다. 교사를 위한 연수 프로그램을 적극적으로 개발·운영하여 교사 역량을 강화하고, 활동 우수 교사를 선정하여 해외연수 등 인센티브를 강화하는 등 교사들의 사기와 의욕을 증진시킬 필요가 있다.

(3) 지역회, 학교 중심 활동 강화

"우포생태교육원이 경남지역회의 중심이 되고 있습니다. 세미나 장소 제공이라든지 교육자료 보관, 활동 교육 장소로 되고 있는데 지역회에서도 하나의 중심 장소를 정해서 활동하면 상당히 도움이 될 것 같고. 학부모 지역주민들과의 연대활동 강화도 필요합니다. 저희가 이번에 11월에 산림환경연구원에서 학부모들하고 같이 활동을 많이 했습니다. 근데 이런 활동을 할 때 학부모들도 조금씩이나마 활동하는 모습을 보여주면 그 학부모들이 신뢰가 갑니다. 다음 활동에 적극적으로 참여를 시켜줍니다. 너무나도 교육적으로 좋기 때문에."

교사들은 활동이 전국적으로 활성화되기 위해서는 지역 중심 활동이 활성화되어야 한다는 데 동의한다. 특히 지역회별 활동 거점으로서 중심학교 선정, 지역 학부모나 지역 주민의 신뢰 및 참여 유도를 위한 연대활동 강화 등이 필요하다고 하였다.

5. 숲교육 청소년단체 활동의 네 가지 영역

숲교육 청소년 단체 지도교사를 대상으로 한 활동 현황 및 효과에 대한 분석 결과를 근거이론의 절차에 따라 조건/결과 매트릭스(conditional/consequential matrix)로 정리하였다. 조건/결과 매트릭스란 일련의 개념들을 체계적이고 논리적이고 통합된 설명으로 구축하여 도식적으로 나타내는 것을 말하며, 분석자가 실행하고 있는 연구의 범위와 위치를 찾는 것을 돕는다(신경림 역, 2001).

그 결과 [그림 1]과 같이 영역1: 교육내용, 영역2: 활동방법(중점), 영역3: 활동효과, 영역4: 활동맥락 등 4개의 영역으로 도식화하였다.

[그림 1] 숲교육 청소년단체 활동의 영역

영역 1 : 교육 내용

산림교육 청소년활동으로 주로 진행하고 있는 교육적 내용은 크게 (1) 인성교육적 측면 (2) 환경교육적 측면 (3) 교과교육적 측면으로 정리된다. 이는 숲교육 효과에 관한 국내 연구 동향 분석 결과와도 일치한다.

영역 2 : 활동 방법(중점)

영역 1이 교사의 입장에서 의도하는 교육적 내용 영역이라면 영역 2는 교사와 학생의 입장을 함께 고려한 활동 방법과 관련된 영역이다. (1) '감 : 자주' (2) '놂 : 즐겁게' (3) '함 : 실천할 수 있게' 활동할 때 영역 3과 같은 활동의 효과가 커진다.

영역 3 : 활동 효과

학생들은 영역 1의 교육 내용과 영역 2의 활동 방법으로 활동을 함으로써 영역 3과 같이 (1) 과학적 태도의 향상 (2) 스트레스의 해소 (3) 학교생활의 개선 (4) 생태적 감수성 회복 (5) 환경친화적 생활태도 유지 등의 활동 효과를 경험하고 있다.

영역 4 : 활동 맥락

영역 4는 활동에 영향을 끼치는 요소들로 구성되어 있다. 이 영역의 요소들이 강화되거나 영역 1과 영역 2에 긍정적으로 영향을 미칠 때 영역 3의 활동 효과는 더욱 커질 것이다.

6. '숲교육을 통한 청소년의 통합적 성장'을 위하여

이 글은 숲사랑소년단이라는 청소년단체 활동이 '숲교육'이라는 부분과 '청소년단체 활동'이라는 부분을 동시에 가지고 있음에 주목하며, 국내 대표적인 숲교육 청소년단체인 숲사랑소년단 지도교사를 대상으로 포커스그룹 인터뷰를 실시하여 지도교사들이 인식하거나 느끼는 활동의 현황, 효과, 개선점 등을 정리, 분석하였다.

분석 결과 숲교육 청소년단체인 숲사랑소년단 활동의 방향과 동력을 좌우하는 요소들로는 활동 주체, 활동 형태, 학교의 위치, 경비 조달 방법, 학교장과 교사의 열의 및 역량, 프로그램, 지역회, 교사 인센티브 등이 있으며, 특히 프로그램, 지역회, 교사 인센티브 등은 시급히 보완하거나 강화되어야 할 요소로 분석되었다.

교사들이 현장에서 활동하는 내용은 숲을 누리는 활동(인성교육 측면), 숲을 지키는 활동(환경교육 측면), 숲을 배우는 활동(교과교육 측면) 등으로 정리되었으며, 활동 방법으로는 탐구(실험, 관찰)활동, 놀이(게임)활동, 실천(캠페인)활동, 강의수업(지식)활동, 체험(생태)활동, 통합적 교육-융합교육(STEAM), 주제통합수업, 블록 수업 등 다양한 방법을 활용하고 있었다. 교사들이 활동 시 중요하게 생각하는 사항은 자주 숲으로 가는 것, 교사와 학생이 모두 즐겁게 활동하는 것, 생활 속에서 실천으로 연결되는 것 등이다.

또한 교사들은 생태적 감수성 함양, 스트레스 해소 및 심리적 안정, 학교생활 및 대인관계 개선, 자연보호 생활화, 과학적 태도 향상, 진로지도에 도움 등을 활동의 효과로 꼽았다.

결론적으로 지도교사들은 학교 현장에서 각자 처한 환경과 맥락에 따른 내용과 방법으로 학생들의 활동을 지도하고 있으며, 학생들의 인지적, 정서적, 실천적 변화, 즉 "숲교육을 통한 청소년의 통합적 성장"을 구체적으로 이끌어내고 있음을 확인할 수 있었다.

나침반

미국의 청소년 산림과학 저널 〈Natural Inquirer〉

미국 산림청(US Forest Service)과 산림청 산하 교육기관(Cradle of Foresty)에서 발간 보급하는 중학생용 산림과학 저널이다. 미국의 산림 및 환경연구 과학자들이 쓴 원 논문들을 그 틀을 그대로 유지한 채 중학생 수준에서 읽을 수 있도록 구성하여 출간되었다. 미국 STEM(Science, Technology, Engineering & Methmetics for K-12 Education) 영역과 연계 활용하고 있으며, 전문가의 생각과 그들이 논의하는 방식을 학생들이 그대로 만날 수 있다는 점에서 교육적 의미가 매우 높다.

과학자들은 주로 그들의 연구를 과학기사라는 형식을 통해 보고한다. 이러한 과학기사들이 여러 개 모이게 되면, 그 책은 과학저널이 된다. 만약 이러한 과학기사가 한 개만 출판된다면, 그것은 논문이 된다. 이 저널은 한 개의 과학기사를 다루고 있으며, 결국 논문의 형식을 띤다. 이러한 논문이 만들어짐으로써, 과학자들은 여러분을 포함한 많은 중학생들과 그들의 연구를 공유할 수 있다. 이러한 논문은 미국 산림청에 근무하는 과학자에 의해 수행된 과학연구들을 제공한다. 웹사이트(http:// www.naturalinquirer.org)에 방문할 수도 있다.

이 저널에 있는 모든 연구들은 나무, 숲, 동물, 곤충, 야외활동, 그리고 물과 같은 자연문제들을 다루고 있다. 앞부분에서는 이러한 연구를 하는 과학자들을 만날 것이다. 그 다음에, 과학과 자연환경에 관한 특별한 것들과 기후변화를 다루는 특정한 과학 프로젝트에 관한 내용을 읽을 것이다. 그리고 이러한 과학기사와 관련된 다양한 활동을 하면서 독자들은 과학자와 같은 경험을 할 것이다. 과학관련 용어를 다룬 부분과 기사에서 강조된 것들을 다루는 부분들은 더 많은 정보를 줄 것이다.

각 기사 끝부분에서, 독자들이 읽었던 것을 생각해 볼 수 있도록 만들어진 몇 개의 퀴즈들을 볼 수 있다. 이러한 퀴즈들은 연구들에 대해서 더 깊은 사고를 할 수 있도록 한다. 선생님은 토론수업에서 이러한 질문을 사용할 수도 있다.

CHAPTER 4

성인과 숲교육

내가 만났던 숲해설가들은 대부분 참 열정적이었다. 야생화를 공부할 때는 야생화에 '미쳤고', 곤충을 공부할 때는 곤충에, 새를 공부할 때는 새에 '미쳤다'. 도대체 무엇이 저분들을 저렇도록 '미치게' 하는지가 궁금했다.

마침 대학교에서 산림학을 전공하는 학생들을 대상으로 하는 숲해설 관련 강의를 맡게 되었는데, 조사해 보니까 그때까지만 해도 산림학 전공자들이지만 숲해설가를 만나본 학생이 그리 많지 않았다. 그래서 대학생들이 직접 숲해설가들을 찾아가 숲해설도 들어보고 인터뷰도 해 오도록 수업을 설계하였다.

학생들이 준비해 간 질문은 사실 내가 그토록 궁금해 했던 그 세 가지 질문이었다.

"선생님께 숲이란 무엇인가요?(왜 숲에 그렇게 미치신 건가요?)"

"선생님께 숲해설이란 무엇인가요?(숲에서 대체 뭘 가르치시나요?)"

"숲해설가로 산다는 것의 의미는 무엇인가요?(숲해설가는 솔직히 어떤 사람인가요?)"

이 글은 이 세 개의 질문에 대한 답변을 정리한 것이다.

숲해설가로 산다는 것의 의미[21)]

1. '숲해설가를 아시나요'

국내에서 숲해설가 제도가 시행된 지도 벌써 15년이 지났다. 그동안 국내의 숲해설가 제도는 양적으로나 질적으로 상당한 진전이 있었다. 2010년도 산림청 숲해설가 운영현황에 따르면 산림청에 소속된 국공립 기관에서 활동한 숲해설가는 전국적으로 600여 명에 달하며 이들에게 한 해 동안 숲해설을 들은 국민만도 100만 명을 넘어섰다. 정부는 2006년에 '산림문화휴양에관한법률'을 제정하여 숲해설 관련 인증제도를 도입하였고, 2011년에는 산림교육의활성화에관한법률[22)]을 제정하여 숲해설가를 산림교육전문가로서 본격적으로 양성, 관리하기 시작했다. 이로써 숲해설가 제도는 법률적 근거를 갖추게 되었고 더욱 발전하고 성장할 수 있는 계기를 마련하였다. 본 연구는 숲해설가 제도가 더욱 성숙해지고 발전하기 위해서는 숲해설의 인적 자원, 즉 숲해설가에 관심을 기울일 필요가 있다는 인식

---

21) 조규성(2012)에 게재된 글의 일부를 수정하였음.

22) 이 법률은 '산림교육'의 정의를 '산림의 다양한 기능을 체계적으로 체험·탐방·학습함으로써 산림의 중요성을 이해하고 산림에 대한 지식을 습득하며, 올바른 가치관을 가지도록 하는 교육'으로 정의하고 있으며, '산림교육전문가'는 '산림교육전문가 양성기관에서 산림교육 전문 과정을 이수한 사람'으로서 숲해설가, 유아숲지도사, 숲길체험지도사 중 어느 하나에 해당하는 사람이라고 정의하고 있다.

에서 출발하였다. 교육의 질은 교사가 교육을 대하는 관점과 수준에 따라 영향을 받는다는 점에서[23] 숲해설의 발전을 위해서는 숲해설가와 관련된 다양한 관심과 실천이 뒷받침되어야 할 것이다.

아직까지 숲해설가에 초점을 맞춘 국내의 연구 결과는 많지 않으며, 최근에 시도된 연구로 조선영(2009), 고대현(2012) 등이 있을 뿐이다. 조선영(2009)은 숲해설가의 전문성 수준과 숲해설가 개인 특성 및 사회환경 변인의 관계를 분석하면서 숲해설가의 경력, 자기효능감, 사회적 기대, 지원 인프라 등이 숲해설가의 전문성에 영향을 미치는 중요한 요소임을 밝혔다. 고대현(2012)은 숲해설가의 직무동기 요인이 직무만족 요인에 미치는 영향을 밝히면서, 더 많은 숲해설가가 활동하고 산림문화가 발전하기 위해서는 적절한 행정지원 체계와 처우개선, 프로그램 개발, 운영시스템 등 숲해설가의 직무동기를 높이기 위한 대책이 필요하다고 주장하였다. 교육학 분야에서 활발하게 이루어지고 있는 교사 전문성 관련 연구(박순경, 2003; 소경희, 2003; 이종일, 2004; 강현석 외, 2006)들은 가르치는 사람, 즉 교사에

---

23) 틸든은 해설이란 '단순한 사실의 전달이 아니라 당장의 경험이나 예시적인 매개체로 원래의 사물을 사용함으로써 그 대상의 의미나 관계를 나타내려는 데 목표를 두는 교육적 활동'이라고 정의하고 있다. 즉 숲해설은 생태맹, 즉 '살고 있는 세계에 대한 신비함, 오묘함, 풍성함을 느끼지 못하는 상태, 교감할 수 있는 정신적 능력과 감성이 결핍된 상태'에 있는 우리에게 자연과 숲의 의미를 깨닫게 하고 자연과 인간 간의 '관계'를 연결시켜 주는 활동이이며, 이러한 과정을 통해 인간의 행동을 변화시키고자 하는 '교육적인' 활동이다. 하시연(2006), 탁광일(2003) 등도 "숲해설가는 교육적 성격이 강한 해설 활동에 종사하는 사람"이라고 정의하였다(조선영, 2009).

관한 교육적 관심과 연구의 중요성을 반영하고 있다. 특히 강현석 외(2006)는 교사 전문성과 관련하여 교사의 개인적·실천적 경험과 지식을 중요시하는 내러티브적 사고의 필요성을 제안하면서, 교육과정 개발에서 교사들의 교육 경험 및 그 경험에 대한 이야기에 관심을 가질 필요성이 있음을 강조하였다.

이 글은 숲해설가로서의 삶이 무엇을 의미하는지를 숲해설가들의 이야기 분석을 통해 확인하고 이해하고자 하였다[24]. 특히 "인간은 '이야기하기'와 '다시 이야기하기', 즉 내러티브를 통해 경험의 의미를 만들어 간다"(염지숙, 2003)[25]는 코넬리와 클랜디닌의 주장에 따라 숲해설가의 이야기를 인터뷰한 대학생들이 숲해설가의 이야기를 다시 이야기하고 연구자가 또 다시 이야기하는 과정을 거치면서 숲해설가의 이야기에 담긴 의미를 발견해 가고자 하였다.

---

24) "에릭슨(Erickson)은 질적 연구자가 묻는 핵심적인 질문은 '보다 명확히 말하면, 여기서 무슨 일이 일어나고 있는가? 그러한 일들은 그것과 관련된 사람에게 무엇을 의미하는가?'라고 하였다"(Hatch, 2002, 조규성, 2010에서 재인용).

25) "우리는 우리의 이야기를 다른 사람들에게 함으로써 자신이 하고 있는 일에 대한 의미를 만든다. 그런 이야기들을 반성해보고 재구성할 때 우리의 삶은 이야기로 엮어지고 우리는 이야기되는 삶을 살게 된다. 내러티브 탐구에서 참여자들은 연구자에게 그들의 경험을 이야기하며 연구자는 참여자들의 이야기를 들은 대로 다시 이야기한다. 연구자가 참여자들의 경험과 이야기를 다시 이야기함으로써 참여자들은 '연구 이야기(research story)가 오랫동안 가져왔던 권한(authority)과 타당성(validity)'을 얻기 위해 자신들의 목소리를 높일 수 있는 공간을 갖게 된다"(염지숙, 2003).

2. 이야기하기, 다시 이야기하기

(1) 현장에 들어가기[26]

이 글은 K대학교 산림환경시스템학과 3, 4학년 전공 선택 과목인 '자연해설 및 실습' 수업의 일환으로 2010년, 2011년 2년간 진행한 프로젝트의 결과물이다. 강의 계획 단계에서 조사해 본 결과, 수강자들은 산림학 전공분야 대학생들임에도 불구하고 숲해설 프로그램에 참여한 경험이 있는 학생이 매우 적었다. 따라서 학생들이 숲해설의 의미를 숲해설 프로그램에 참여하고 숲해설가들과 인터뷰하는 동안 직접 정리할 수 있는 기회를 제공하고자 하였다.

수업은 학생들이 3~5명씩 팀별로 숲해설가를 한 명씩 선정하여 인터뷰를 하고, 인터뷰 장면을 캠코더로 촬영하고 편집하여 수업시간에 발표하며 전체가 함께 토의하는 형식으로 이루어졌다. 숲해설가를 선정할 때에는 일차적으로 학생들이 개인적인 친분이나 인터넷 검색 등을 통해 수소문하여 찾아보도록 하였고, 숲해설가 선정이 어려웠던 학생들이 요청할 경우 연구자가 추천하였다. 2년간 수업의 일환으로 학생들이 10여 명의 숲해설가를 대상으로 인터뷰를 진행하였으나, 인터뷰 동영상

---

26) "이 단계는 연구자가 연구의 동기를 생각하고, 연구의 목적에 적합한 현장을 물색하고, 자료수집에 들어가기 전에 현장을 방문하여 관계자 및 연구의 참여자들과 만나면서 현장에 익숙해지는 단계이다"(염지숙, 2003).

파일과 학생들이 작성한 질문답지 등 자료가 모두 확보된 6명의 숲해설가의 이야기를 집중적으로 분석하였다. 숲해설가의 성별, 연령, 경력, 직업, 활동 장소 등은 (표 4)과 같다.

〈표 4〉 참여자 주요 현황

참여자	성별	연령	숲해설 경력	직업	주 활동장소
원 선생님	남	60대	7년	퇴임 교사	수락산
옥 선생님	여	40대	-	주부	서울숲
일 선생님	남	60대	-	은퇴 직장인	꿈의숲
식 선생님	남	40대	9년	현직 교사	학교숲
순 선생님	여	50대	-	주부	홍릉숲
도 선생님	남	60대	11년	은퇴 직장인	창경궁

(2) 현장에서 현장 텍스트(Field Texts)로[27)]

인터뷰 내용에는 반드시 숲해설가가 생각하는 숲의 의미, 숲해설의 의미, 숲해설가로 산다는 것의 의미에 대한 문항이 포함되도록 하였다. 숲해설가와 인터뷰하기 전에는 해당 숲해설가가 진행하는 숲해설 프로그램에 먼저 참가하도록 하였고, 참가했던 프로그램을 편집하여 수업시간에 함께 공유하기도 했다. 팀별로 준비한 내용을 발표할 때에는 발표를 준비하면서 대학생 자신이 느낀 숲의 의미, 숲해설의 의미를 이야기하도록

27) "이 단계는 내러티브 탐구자가 현장에 들어가서 자료 수집을 하며 현장 텍스트를 쓰는 일을 생각하는 단계이다"(염지숙, 2003).

하였다. 한 한기 동안 수업을 마치면서는 질문지를 나누어주고 각자가 생각할 때 자신들이 만나본 숲해설가에게 있어 '숲의 의미', '숲해설의 의미', '숲해설가로 산다는 것의 의미'는 무엇이었는지를 정리하도록 하였다.

(3) 현장 텍스트 구성하기[28)]

캠코더로 촬영한 숲해설가 6명의 인터뷰 편집 파일은 전량을 전사하여 전사본을 만들었다. 수업시간에 연구자가 작성한 메모지, 학기말에 학생들이 작성한 질문답지 등 현장 텍스트를 확보하였다.

(4) 현장 텍스트로부터 연구 텍스트(research texts)로

구성된 현장텍스트들을 수차례 다시 읽으며 숲해설가별로, 주제별로 각각 분석하였다. 분석은 해치(Hatch, 2002)가 제시한 질적연구 방법 중 귀납적 분석에 따랐다.[29)] 분석된 결과를 바

---

28) "현장 텍스트는 소위 우리가 데이터 또는 자료라고 부르는 것을 일컫는다. 내러티브 탐구에서 현장 텍스트라는 용어를 사용하는 이유는 그러한 데이터 또는 자료는 '발견하거나 찾은 것이 아니라 현장 경험의 양상을 나타내기 위해 참여자와 연구자에 의해 창조된 것'(Clandinin & Connelly, 2000)이기 때문이다"(염지숙, 2003).

29) "귀납적 분석 방법에 따라 분석 과정 동안 계속해서 데이터가 드러내고자 하는 것이 무엇인가에 초점을 맞추고 데이터에 근거한 분석이 되도록 하는데 집중하였다. 특히 넓게는 경험의 과정을 확인하고 주요 단계의 의미를 이해하고자 노력하는 동시에, 좁게는 경험의 의미를 드러내는 핵심적인 주제에 집중하여 그 의미를 밝히는 작업을 병행하였다."(조규성, 2010)

탕으로 연구자가 다시 이야기하는 글쓰기 과정을 거쳐 각각의 의미를 확인하고 해석하였다. 탈고 과정에서 연구에 참여한 숲해설가, 산림교육 전문가 등에게 원고를 읽어 보게 하여 연구자가 해석한 의미를 검증하는 절차를 거쳤다.

3. 숲해설가로 산다는 것은

1) 숲해설가별 분석

숲해설가별 분석 결과는 학기말에 제출한 "내가 만난 숲해설가에게 '숲의 의미', '숲해설의 의미', '숲해설가로 산다는 것의 의미'는 무엇인가?"라는 질문에 대한 대학생들의 이야기를 다시 이야기하는 과정을 거쳐 도출한 것이다.

〈표 5〉 숲해설가별 분석 결과

숲해설가	숲의 의미	숲해설의 의미	숲해설가로 산다는 것의 의미
원 선생님	큰 스승	큰 스승에게로 인도하는 것	여생의 행복
식 선생님	마음의 고향	숲을 좋아하게 이끌어주는 것	배우고 터득해 가는 기쁨
순 선생님	배울 것이 무궁무진한 학교	자연과 사람을 이어주는 것	감사와 행복
일 선생님	보물 상자	삶의 원동력을 주는 것	하늘이 주신 선물
옥 선생님	나눔의 장소	숲을 느끼게 해 주는 것	나눔의 즐거움
도 선생님	어우러짐의 장	치유의 수단	받은 사랑을 나누는 것

(1) 원 선생님 : 나는 큰 스승에게 인도하는 중간다리일 뿐

원 선생님에게 숲은 '큰 스승이자 배움의 장소'이다. 또한 숲해설은 '가르치는 것이 아니라 인도하는 것이다.' 숲과 인간 사이의 '중간다리' 역할을 하며 큰 스승이자 배움의 장소인 숲으로 인도하고 안내하는 것이 숲해설이다. 원 선생님에게 숲해설가로 산다는 것의 의미는 '배움의 인도자로서의 삶'이다. 큰 스승과 가장 가깝게 붙어 있는 사람으로서 자신이 먼저 스승인 숲에게 배우고, 아이들을 스승인 숲에게로 인도하는 삶이 숲해설가로서의 삶이다. 초등학교 교사를 은퇴하고 남은 생애를 아이들과 함께 행복한 숲에서 보낼 수 있는 삶은 원 선생님에게 '여생의 행복'이기도 하다.

(2) 식 선생님 : 숲은 자연스러움이다

식 선생님에게 숲은 '마음의 고향'이다. 숲에서는 마음이 편안해지고 마음의 안정을 찾을 수 있기 때문이다. 식 선생님에게 숲해설의 의미는 '자연스러움'이다. 숲해설은 '숲을 좋아하게 자연스럽게 이끌어 나가는 것'이다. 대부분의 아이들에게 숲은 무서운 곳이고 부모님의 강요에 의해 오는 곳이므로 숲해설을 하면서 아이들에게 무엇이든 강요해서는 안 된다는 것이 숲해설에 대한 식 선생님의 생각이다. 식 선생님에게 숲해설가로 산다는 것의 의미는 '자아만족'이다. 직업으로 활동하기에는 아직 열악한 환경이지만 스스로 좋아서 숲해설을 하는 것이어서 만족한다. 학생들에게 숲을 가르치는 것 자체가 만족스럽고, 숲을 공부하는 것이 힘들지만 공부를 하면서 하나하나 배우고 터득해 가는 것 역시 기쁨이기 때문에 스스로 만족한다.

(3) 순 선생님 : 자연과 사람을 이어주는 행복

순 선생님에게 숲은 '배울 것이 무궁무진한 학교'이다. "매년 봄, 여름, 가을, 겨울이 바뀜에 따라 숲의 모습도 바뀌면서 호기심을 유발하고 끊임없이 공부하고 배워야 하는 장소인 동시에 머리로만 생각할 수 없는 곳이며, 가슴으로 느끼고 가슴으로 말해야 배울 수 있는 곳이다." 순 선생님에게 숲해설은 '자연과 사람을 이어주는 것'이다. '아직 익숙하지 않고 두려움의 존재인 숲이라는 친구와 대화하고 사이좋게 지낼 수 있는 방법을 알려주는 소통의 매개체가 숲해설'이라는 것이다. 순 선생님에게는 숲해설가로서 '삶 자체가 행복'이다. 주변 사람들이 자연과 함께하는 삶에 대해 부러워하며, 아는 것을 나누어 갖는 기쁨과 숲에게 봉사하는 보람으로 삶이 만족스럽기 때문이다.

(4) 옥 선생님 : 소통의 즐거움을 누린다

옥 선생님에게 숲은 '소통'의 장소, '나눔'의 장소이다. 또한 옥 선생님에게 숲해설은 '가져갈 수 있게' 하는 것이며, '느끼게 해 주는' 것이다. 즉, 숲을 오감으로 '느끼게 해 주는' 일이며, 숲에서 받은 감동을 가져갈 수 있게 하고, 도시에서 경험할 수 없었던 새로운 경험과 즐거움을 가져 갈 수 있게 하는 일이다. 옥 선생님에게 숲해설가로서 산다는 것은 '즐거움'이다. 숲해설가로서 배움의 즐거움, 나눔의 즐거움을 누리며 산다. 계속해서 배우면서 성장하는 즐거움, "이제 내가 다른 이에게 내가 받은 것들을 나누어 줄 차례"라는 생각으로 나누면서 사는 즐거움을 누리고 있다.

(5) 일 선생님 : 보물 상자를 열어 나누는, 선물 같은 삶

일 선생님에게 숲은 '보물 상자'이다. 숲에서는 자연의 아름다움, 신비함, 고귀함을 얻을 수 있을 뿐만 아니라 모든 생명의 기운을 느낄 수 있기 때문이다. 또한 숲은 마음을 보듬어주고 편안하게 해 주는 곳이다. 그래서 숲은 일 선생님에게는 '멀리하려 해도 멀리 할 수 없는 삶의 일부와도 같은 공간'이다. 일 선생님에게 숲해설은 '삶의 원동력'이다. 일 선생님 자신도 숲

해설을 통해 성취감을 느낄 뿐만 아니라 어른, 아이, 노인 할 것 없이 모두 숲해설을 통해 삶의 원동력을 얻기 때문이다. 일 선생님에게 숲해설가로 산다는 것의 의미는 은퇴한 후에 사회에 공헌할 수 있는 '봉사'이자 '보람'이다. 숲해설가로 산다는 것은 많은 지식을 요구해 공부하는 것도 어렵고 힘이 드는 반면 그만한 보수를 받지는 못해서 직업면에서는 만족도가 낮지만, 정말 좋아하는 것을 하면서 계속 발전적인 삶을 살 수 있어서 보람을 느끼고 만족한다. 아이들이든 어른들이든 모두 숲과 의사소통 이후 행복해 하는 모습을 보면서 일 선생님은 숲해설가로 산다는 것이 '하늘이 주신 선물 같은 삶'이라고 생각한다.

(6) 도 선생님 : 받은 사랑을 되돌려 줍니다

도 선생님에게 숲은 '어우러짐의 장'이다. '나무, 풀, 곤충, 동물, 공기, 물, 흙 등이 함께 공존하는 곳'이며, 다양함을 느끼고, 틀림이 아닌 다름을 인정하게 되는' 곳이 숲이라는 것이다. 도 선생님에게 숲해설은 '치유의 수단'이다. '숲의 마음을 전달하고, 숲이 주는 안정과 치유의 효과를 통해 정서가 불안한 청소년들이나 갈등을 겪고 있는 부부 등 많은 이들에게 도움을 주는 것'이 숲해설이라고 생각한다. 도 선생님에게 숲해설가로서의 삶의 의미는 '숲으로부터 받은 사랑을 나누며 사는 삶, 즉 복지를 실현하는 삶'이다. 도 선생님은 사회에서 받은 혜택을 사회에 되돌려주는 사회 환원 시스템의 차원에서 숲해설가로서의 삶의 의미를 찾고 있었다.

2) 주제별 분석

주제별 분석을 위하여 대학생들이 촬영한 인터뷰 파일 전사본과 수업시간에 학생들이 발표하는 동안 본연구자가 메모해 놓은 노트 및 대학생들이 제출한 질문지 등을 여러 차례 읽으면서 이야기의 의미에 따라 범주화하였고, 분석 결과는 3개의 대범주와 9개의 중범주, 19개의 소범주로 정리되었다.

〈표 6〉 주제별 분석 결과

<table>
<tr><th>대범주</th><th>중범주</th><th>소범주</th><th>주요 내용</th></tr>
<tr><td rowspan="3">숲의 의미</td><td rowspan="3">숲이란?</td><td>◎ 공존의 숲</td><td>- 우리를 만나는 곳: 관계 속에서 더불어 같이 살아가는 곳
- 나를 만나는 곳: 다름을 인정하고 나를 찾는 곳
- 자연을 만나는 곳: 인간과 숲은 하나다</td></tr>
<tr><td>◎ 배움의 숲</td><td>- 지혜를 가르쳐 주는 곳</td></tr>
<tr><td>◎ 치유의 숲</td><td>- 편안함을 주는 마음의 고향
- 긍정적인 정서를 갖게 하는 치유의 장소
- 정신 건강에 좋은 곳</td></tr>
<tr><td rowspan="3">숲해설의 의미</td><td rowspan="3">숲해설이란?</td><td>◎ 알게 하는 것</td><td>- 숲을 직접 체험하고 알아가게 하는 것</td></tr>
<tr><td>◎ 사랑하게 하는 것</td><td>- 자연과 가까워지고 사랑하게 하는 것</td></tr>
<tr><td>◎ 이어주는 것</td><td>- 지혜의 스승인 숲으로 안내하는 것
- 숲을 가슴으로 느끼도록 연결해 주는 것
- 숲의 마음으로 전달하는 것
- 자연과 인간이 밀접한 관계에 있다는 것을 알게 하는 것</td></tr>
</table>

		◎ 도와주는 것	- 더불어 조화롭게 살아가는 것을 도와주는 것
	숲해설을 하는 방법	◎ 친숙하게 하기	- 스승인 숲에 예의를 지키며 놀면서 배우도록 하는 것 - 자연과 인간이 소통하고자 하는 열린 마음을 갖게 하는 것 - 아이들이 자발적으로 숲을 좋아하게 이끌어 주는 것 - 가까이 있는 숲과 친숙해지도록 하는 것
	무엇을 가르치고자 하는가?	◎ 사랑	- 지식을 가르치기보다는 함께 느끼고 사랑하게 하는 것 - 숲을 알게 하고 숲을 사랑하게 하는 것
숲해설가로 산다는 것의 의미	숲해설가가 된 계기	◎ 숲이 좋아서	- 시골에서 자랐어요 - 퇴직 후 자연과 친해졌어요
		◎ 나누고 싶어서	- 그동안 많은 것을 받았으니 이젠 다른 사람에게 나누어 주고 싶어요 - 학생들에게 자연에 대한 소중함을 알려주기 위해
	숲해설가로 산다는 것은?	◎ 즐거움 ○ 나누는 즐거움 ○ 일하는 즐거움 ○ 배우는 즐거움	- 새로운 지식을 알게 되는 기쁨, 아는 것은 나누는 기쁨, 나눈 사람이 기뻐하는 것을 보는 기쁨 ○ 나누는 즐거움 - 재능을 나누며 봉사하는 즐거움 ○ 일하는 즐거움 - 좋아하는 일을 하며 사는 즐거움 - 자유로움 : 퇴직 후 누리는 자유로움 - 좋아하는 일을 하는 즐거움 - 일을 하는 즐거움에 대한 만족, 보수에 대한 만족 ○ 배우는 즐거움 - 배우며 성장하는 즐거움 - 다양한 지식을 끊임없이 공부해야 함

		◎ 자부심(보람)	– 이제는 숲이 아니라 인간을 가꾼다는 자부심 – 내가 역할을 잘 해내었다는 자부심 – 배우면서 성장한다는 자부심(보람) – 주변 사람의 부러움을 받는 자부심
	숲해설의 전망	◎ 전망 밝지 않음	– 직업으로 활동하기엔 급여가 약해요 – 고급문화로 인식되어 한정된 계층에서만 진행돼요 – 커리큘럼이 부족해요 – 젊은 층의 관심이 없어요
		◎ 전망 밝음	– 감동을 나눌 수 있어요
	숲해설가가 되려면	◎ 지식을 갖출 것	– 숲에 끊임없이 관심을 가지고 공부해야 함
		◎ 태도를 갖출 것	– 자연을 좋아하고 즐기는 태도가 필요함
	숲해설가의 자세	◎ 겸손	– 겸손하게 숲을 닮아가야 함
		◎ 성실	– 귀감이 되도록 노력

(1) 숲의 의미

숲해설가들이 이야기하는 숲의 의미는 주로 '숲을 무엇이라고 생각하는가'라는 질문의 답변으로 도출되었으며, '공존의 숲', '배움의 숲', '치유의 숲' 등으로 정리되었다.

숲해설가들은 숲을 '관계'들로 얽혀 있으면서 서로가 만나 다름을 인정하고 하나가 되는 '공존'의 장소라고 이야기했다.

• **우리를 만나는 곳 : 관계 속에서 더불어 같이 살아가는 곳**

"숲은 우리 모두가 같이 어울려서 살 수 있는, 상호작용을 하면서 살아가는 관계라고 얘기를 하지만 관계 속에서 살아가는 곳이 아닌가. 우리가 더불어 같이 살아가는 곳." (원)

• **나를 만나는 곳 : 다름을 인정하고 나를 찾는 곳**

"우리는 자기의 변화는 안 가져오고 주위의 환경이 변하는 데서 나를 바꿀 준비를 못해요. 이제 그런 이혼, 그 법적으로 그렇게 판정해서 이혼 위기에 있는 사람도 모두 원인을 너라고 생각해요. 그래서 나는 숲에 와서 얻은 게 나를 찾을 수 있는, 자존감을, 자기의 존재를 찾을 수 있는 좋은 기회로 봐서, 다름을 인정하는…." (도)

한편 숲해설가들은 숲이 휴식을 주고 평안을 주는 마음의 고향이자 정서적 치유의 장소라고 이야기한다.

• **긍정적인 정서를 갖게 하는 치유의 장소**

"숲에 오면 외부와 단절될 수 있는 커튼 역할을 해서 여기 오면 생태적인 어떤 오감으로 느끼는, 사람이 평온한 마음을 갖는…. 숲에 오면 다양한 모양과 현상을 느끼면서 나와 다름을 느끼게 되죠. 또 제한된 공간에 있던 사람이 이런 넓은 숲에 오면 마음이 위안을 느끼게 돼요. 생태적인 감수성을 갖게 함으로써 우리의 감수성이 순화되는 것이지요. 그것이 치유적인 효과로 정서적인, 긍정적인 정서를 갖는 감정을 갖는 그런 효과가 있기 때문에 특히 저렇게 소외받는 사람들, 저런 애들

에게 효과가 있어요." (도)

숲해설가들에게 숲은 '지혜를 얻는 장소'로서 의미도 가지고 있었다. 숲은 "말없이 우리에게 큰 가르침을 주는 큰 스승"이며, "수많은 생명체를 통해 많은 것을 배울 수 있"는 곳이라는 것이다.

• 지혜를 가르쳐 주는 곳

"지혜롭게 살 수 있게 숲을 안내해 주면 좋은 숲해설가가 될 수 있지 않을까. 숲의 큰 스승님이 계시니까 그 큰 스승님으로 안내하는 역할…. 숲은 우리한테 지혜를 가르쳐 주는 곳이 아니겠습니까." (원)

(2) 숲해설의 의미

'숲해설의 의미'는 '숲해설이란?', '숲해설을 하는 방법', '무엇을 가르치고자 하는가?' 등의 질문을 통해 도출하였다. 연구에 참여한 숲해설가들에게 숲해설은 '알게 해 주는 것', '이어주는 것', '도와주는 것'이며, '친숙하게 하기' 방법을 통해 '사랑'을 가르치는 것을 의미한다.

숲해설가들에게 숲해설이란 숲을 오감으로 직접 체험하고 느끼게 해 주어 숲을 새롭게 '알게 해 주는 것'이고, 숲을 가슴으로 느끼도록 연결하여 숲의 마음을 전달하고 숲과 인간 사이의 끊어진 관계를 '이어주는' 것이며, 숲에서 더불어 살아가는 것을 배우도록 하여 '조화롭게 살아가도록 도와주는 것'이다. '자연과 인간 사이에 끊어진 관계를 이어주는 일'(전영우, 2002) 다시 말해 생태맹의 극복은 연구에 참여한 숲해설가들이 생각하는 숲해설의 의미와 상통한다.

• **숲을 직접 체험하고 알아가게 하는 것**

"숲 해설은, 그러니까 우리가 그냥 막연히 생각했던 숲, 그냥 책으로만 봤던 숲을 이제 오감으로 느끼게 해주고, 어어, 좀 숲을 통해서 새롭게 알아가는, 지식을 새롭게 알아가는 그런 장이라고 생각을 해요." (옥)

• **숲을 가슴으로 느끼도록 연결해 주는 것**

"그런데 자연에서는 머리로만 할 수 없다는 거. 가슴으로 느끼고 가슴으로 이렇게 말을 해야지 이게 이렇게 통하지 모든 걸 머리로만 할 수는 없다는 게 굉장히 큰 의미인 것 같아요. 그래서 현대에 있는 사람들이 정말로 이 숲하고, 자연하고 밀접한 관계이게 역할을 하는 게 숲해설가인 것 같기도 해요. 이렇게 연결을 해주는 중개 역할을 할 수 있는 그런…." (순)

• 숲의 마음으로 전달하는 것

"숲해설가는 숲의 마음을 전달하는 사람…." (도)

• 더불어 조화롭게 살아가는 것을 도와주는 것

"더불어 같이 살아가는 것을 안내하는 사람 이렇게 하면 어떨까. 숲해설가는 조화롭게 살아가는 것을 도와주는 역할, 이렇게 보고 싶고…." (원)

'숲해설의 의미'는 숲해설을 하는 방법에 대한 이야기를 통해서도 확인할 수 있다. 연구에 참여한 숲해설가들이 숲해설을 하는 방법은 '친숙하게 하기'로 정리된다. '스승인 숲에 예의를 지키며 놀면서 배우도록 하기', '자연과 더불어 소통하고자 하는 열린 마음으로 함께 참여하고 나누기', '아이들이 자발적으로 숲을 좋아하게 이끌어 주기', '가까이 있는 숲과 친숙해지도록 하기' 등이 연구에 참여한 숲해설가들이 이야기하는 숲해설 방법이었다.

• 스승인 숲에 예의를 지키며 놀면서 배우도록 하는 것

"누가 주인이냐? 식물들이 주인이라는 얘기지요. 그러면 우리는 누구지? 아 우리는 손님이라고. 그러면 손님은 주인의 집에 가서 그 주인이 없는 곳에서? 무엇을 해야 하지. 아 예의를 지켜 된다는 얘기죠. 예의를 지키면서 이 친구들에게 배울 게 있으면 배워보자. 같이 놀아보자." (원)

• 자연과 인간이 소통하고자 하는 열린 마음을 갖게 하는 것

"일방적인 수업이 아니라 자꾸 참여하고 함께 나눌 수 있는 시간으로 가져가고 제 생각은 이런데, 참여시키고 물어보고 그런 게 가장 현명하다고 생각해요. 그러니까 아는 척 하는 게 아니라 모르면 모른다 얘기하고 음, 도움을 청하거나 아니면 더 알아보겠다고 하거나. 예, 솔직하게 얘기하는 편이죠. 대단한 준비물은 없고 그냥 열린 마음? 그러니까, 사람과 사람이 소통하고 자연과 사람이 소통하고 이제 그렇게 할 수 있는 마음. 마음이 일단 우선이고." (옥)

• 아이들이 자발적으로 숲을 좋아하게 이끌어 주는 것

"그러니까 이거를 학생들한테 강요하는 것이 아니라 숲 자체를 좋아하게 이끌어 줘야 하는 것이잖아요. 이끌어 주는 것은 다양한 방법이 있을 거예요." (식)

분석하는 과정에서 '숲해설가들은 숲에서 무엇을 가르치고자 하는가'라는 질문에 대한 대답이 하나의 범주로 묶여졌다. 연구에 참여한 숲해설가들은 숲에서 '사랑'을 가르치고자 하였다. 숲에서 함께 느끼고 '사랑하게 하는 것'을 가르치고자 하며, 숲에 대한 지식을 전달하는 이유도 숲을 알면 알수록 '사랑하게 되기 때문'이다.

• 지식을 가르치기보다는 함께 느끼고 사랑하게 하는 것

"예, 저는 숲 해설에 세 장르를 합니다. 느껴보기. 관찰하기. 체험하기…. 예전에는 관찰하기가 앞섰는데, 요사이에는 느껴보기가 먼저 앞섰어요. 왜냐하면 사람을 보더라도 일단 저 사람이 매력이 간다, 호감이 간다. 일단 느낌이 와야 될 거예요. 느낀 다음에 저 사람 이름이 뭘까, 더 가까이 가고 싶다. 그 다음에 체험해보기는 저 사람하고 같이 데이트라도 해볼까. 이런 단계로 가는 거예요." (도)

• 숲을 알게 하고 숲을 사랑하게 하는 것

"원래 이 숲 해설이라는 게 아주 굉장히 포괄적이에요. 그래서 꼭 나무 하나하나만 이렇게 이름을 얘기해주고, 생태를 얘기하고 이것만은 아니에요. 우리 그 생태가 어떻게 어우러지고, 우리 인간이 어떻게 어우러져 사느냐가 더 중요하지, 하나의 나무 알지 못해도 상관은 없어요. 그렇지만 알면 더 애착이 가고, 더 사랑이 가고, 왜 아는 만큼 보이듯이 - 그런 거를 얘기하는 거지." (순)

(3) 숲해설가로 산다는 것의 의미

연구에 참여한 숲해설가들에게 '숲해설가로 산다는 것의 의미'는 '숲해설가가 된 계기', '숲해설가로 산다는 것은', '숲해설의 전망', '숲해설가가 되려면', '숲해설가의 자세' 등의 질문에 대한 답변에 의해 도출되었으며, 한 마디로 '배우고 나누는 삶의 보람'으로 정리되었다.

숲해설가가 된 계기에 대한 이야기는 숲해설가들의 삶의 이력들을 담고 있으며, 과거와 연결된 현재의 삶의 의미를 밝히는 데 도움이 되었다. 분석 결과, 시골에서 자라나 산과 친숙했는데 서울에 와서 생활하다가 우연히 숲해설을 접하게 된 경우, 정년퇴직 후 여행을 다니면서 숲해설을 알게 되어 입문하게 된 경우, 현직 교사로서 특별활동을 하다가 자연스럽게 숲해설을 하게 된 경우, 주부로서 호기심을 갖게 되고 사회봉사의 차원에서 실천하게 된 경우 등 다양한 계기를 통해 숲해설가가 된 것을 확인할 수 있었다.

- **시골에서 자랐구요**

"저는 뭐 자라기를 시골에서 자랐구요. 이제 서울에 와서 생활하다가 우연하게 숲에 대해서 관심을 갖게 된 게 무엇이었냐면, 저는 산을 좋아했었어요." (순)

- **퇴직 후 자연과 친해졌어요**

"과거에는 내가 30년 동안 월급쟁이를 했어요. 근데 정년퇴직을 하고 그때서부턴 등산 다니는 걸 좋아하고 여행 다니는 걸 좋아하다 보니까, 숲해설을 직접 하기 전에도 각국의 공원을 많이 다녀봤어요. 그러고 나서 아, 나도 이제 한번 숲해설을 해보고 싶다 해서 입문하게 된 거죠. 자기가 하고 싶지 않으면 못해요." (일)

- **그동안 많은 것을 받았으니 이젠 다른 사람에게 나누어 주고 싶어요**

“그 전에는 자원봉사라는 거에 별로 생각이 없었는데, 그 때 되면서 내가 무엇을 남에게 그동안에 많은 것을 받았다고 이렇게 생각이 들면서 내가 다른 사람들에게 나눌 수 있는 방법이 뭐가 없을까 하다가 서울숲에 자원봉사를 하게 된 거예요.” (옥)

• **학생들에게 자연에 대한 소중함을 알려 주기 위해**

“사실은 숲해설가라고 구체적인 뜻을 두고 시작한 것은 아니고, 그냥 선생님들 중에서 환경을 생각하는 선생님들. 그런 모임이 있어요. 거기에 특별활동을 하다가 자연에 대해서 알고 활동하게 되니까…. 우리는 숲해설가라기보다는 교사고, 그 다음에 부수적으로 학생들을 자연에 대한 소중함을 알려 주기 위해 공부하니까 숲해설가가 되는 거죠.” (식)

숲해설가로 사는 것에 대해 스스로 부여하는 의미를 묻는 질문에 대한 숲해설가들의 이야기에는 ‘즐거움’, ‘자유로움’, ‘기쁨’, ‘보람’, ‘자부심’, ‘힘들면서도 행복함’, ‘만족’ 등의 감정이 포함되었고, 최종적으로는 ‘배우고 일하고 나누며 사는 삶의 기쁨과 보람’으로 정리되었다.

연구에 참여한 숲해설가들이 이야기하는 숲해설가로 산다는 것은 ‘즐거움’이다. 자신의 재능을 다른 사람과 나누며 봉사하는 삶, 즉 ‘나누는 즐거움’, 좋아하는 일을 하며 사는 삶이나 퇴직 후 누리는 자유로운 삶 등 ‘일하는 즐거움’, 숲에 대해 알아가고 성장해 가면서 느끼는 ‘배우는 즐거움’이 숲해설가들이 이야기하는 숲해설가로 사는 삶이다.

• 나누는 즐거움 : 재능을 나누며 봉사하는 삶

"즐거움이죠. 즐거움이면서 처음에는 그냥 자원봉사로 시작했으니까 내가 내 몸, 그러니까 어떤 봉사라는 게 물질적인 봉사도 있고 재능적인 봉사도 있고. 그런데 내가 선택한 방법은 재능을 다른 사람과 나눌 수 있겠다는 생각으로 봉사를 하게 되면서 또 그 접한 곳이 자연이다 보니까." (옥)

• 일하는 즐거움 : 좋아하는 일을 하며 사는 삶

"사람마다 다 틀리겠지만, 물질적인 풍요, 억대 연봉, 이런 거 하려면 힘들지 않을까 생각이 들어요. 그렇지만 자연을 통해서 이렇게 풍요로움을 알고 또 자연적인 철학을 가지고 생태적인 삶을 살면서 좋아하는 일을 하며 살고자 한다면 굉장히 좋은 직업이라고 생각을 해요." (옥)

• 배우는 즐거움 : 다양한 지식을 끊임없이 공부해야 함

"숲해설 하기 위해서는 다양한 지식을 쌓아야 돼요. 다양한 지식 없이는 숲해설을 할 수가 없거든요. 가장 힘든 것이 공부하는 거죠. 공부하면서 하나하나 터득해 가는 과정 있죠? 그것도 매우 힘들죠. 힘들면서도 행복한 게 공부해나가는 과정이죠." (식)

한편, 조선영(2009)이 숲해설가에 대한 사회적 기대 인식과 숲해설가의 전문성은 유의미한 정적 상관관계에 있음을 확인하였듯이 숲해설가들이 느끼는 자부심은 숲해설의 질을 향상시키는 중요한 요소이다. "주변 사람들이 너무 부러워해요"라며 느끼는 자부심, 예전에 산림인력개발원에서 숲가꾸기를 했는데 "이제 인간을 가꾸는 역할을 해야겠다"며 느끼는 자부심, 숲해설을 들은 아이들이 공감할 때 "아, 참 내가 제대로 제 역할을 잘 해준 것 같아"라고 생각하며 느끼는 자부심 등은 숲해설가들이 이야기하는 삶의 또 다른 의미이다.

• 주변 사람의 부러움을 받는 삶

"좋은 점은 일단, 다른 사람들이 너무 부러워해요. 하하하. 주변 사람들은 너무 부러워해요. 왜 그러냐면, 일단은 자연하고 같이 이렇게 생활을 하는 게 너무 부러워해가지고, 이거를 하고 싶어 하시는 분들이 너무 많으세요." (순)

• 이제는 숲이 아니라 인간을 가꾼다는 자부심

"나는 이 숲에서 이전에 산림인력개발원에서 숲가꾸기 강사를 했어요. 숲을 가꾸고, 나는 딴 사람보다 나는 숲을 가꾸는 사람이었기 때문에 … 하드웨어가 아닌 소프트웨어적인 이런 청년의 숲해설. 숲을 가꾸는 게 아니라 누군가 소외됐다든지 좀 빗나갔다든지, 정서적으로 불안한 사람 이러한 사람 … 이제 인간을 가꾸는 역할을 해야겠다. 숲을 보면서." (도)

숲해설의 전망을 묻는 질문에 대한 답변도 숲해설가로 산다는 것의 의미를 밝히는 단서가 되었다. 대부분 직업으로 활동하기엔 급여가 약하고, 한정된 계층에서만 향유하고, 젊은 층의 참여가 부족하며, 숲해설의 커리큘럼이 부족하다는 점 등을 들어 전망을 밝지 않다고 생각하고 있었다. 반면 '기계가 할 수 없는 감동을 전하는 일'이라거나 '봉사활동으로 생각하고 한다면 자기만족도가 높다'는 등 숲해설의 전망을 긍정적으로 보게 하는 요소들도 있었다.

• 직업으로는 비전이 밝지 않아요

"내가 볼 때 비전은 밝지 않은 거 같아. 왜냐면 첫째로 숲해설을 할 때 숲해설도 하나의 직업인데 이거를 직업으로 활동하기엔 근무환경이 너무 열악한 거죠. 그 하나만을 봐도 비전은 없다고 봐야 돼요. 그나마 숲해설이 유지될 수 있는 건 자기가 좋아서. 내가 좋아서 하는 사람들이 그나마 있기 때문에 유지될 수 있는 거죠." (식)

• 급여가 약해요

"저의 개인적인 생각은, 이게 직업으로 정착하기는 아직은 우리나라가 조금 그런 거 같아요. 왜 그러냐면 급여문제가 조금 약해요. 아직은 …. 직업으로 하려고 하는 친구들이 있어요. 그러한 친구들을 보면 조금 안타까워요." (순)

• 아직은 고급문화로 인식되어 한정된 계층에서만 진행돼요

"그 다음에 의식면에서 아직 숲해설은 고급문화로 생각할 수도 있는 거죠. 일부 한정된 계층에서 진행되고 있기 때문에 내가 봤을 때 전망이 밝지는 않다고 봐요." (식)

• **커리큘럼이 부족해요**

"현재 우리가 하는 거 보면 모든 사람이 숲해설 하는 게 똑같아요. 단계적으로 창조적으로 발전하려면 단계에 의한 숲해설이 필요한데, 지금은 숲해설가를 양성만 했지. 양성만 해놓고 애들한테 어떻게 숲을 해설 할까. 단계적으로 어떻게 해설할까. 그에 대한 내용은 전혀 없거든요. 그러니까 우리 숲해설도 어느 숲해설가한테 가든지 1학년이든 2학년이든 3학년이든 똑같은 거예요. 똑같은 내용을 받는 거예요. 그러니까 애들은 또 들었어, 한번 받고 나면 싫증이 나잖아요. 그러니까 정말 발전하려면 숲해설이 커리큘럼이 있고 거기에 맞춰서 오는 사람들이 어느 정도의 숲해설의 역량이 있느냐를 보고 그 다음에 숲해설을 해줘야 하는데 아직 우리 숲해설가는 그런 역량이 많이 갖춰져 있는 거 같지는 않아요." (식)

• **젊은 층의 관심이 없어요**

"젊은 층들이 거의 없어요. 관심을 갖고 있는 사람들이 … 앞으로는 젊은 사람들이 관심을 갖고 하면 우리나라에서도 숲해설가라는 직업이 정말 제대로 자리매김을 하고, 대우 받을 수 있는 그런 게 되지 않을까. 근데 관심이 없으면 이건 그만큼 뒤로 처지는 그런 직업에 불과하고 이제 봉사활동에 불과할 거 같아요. 그러니 앞으로는 젊은 사람들이 좀 관심을 많이 갖고, 자연에도 관심을 갖고 그랬으면 좋겠어요." (순)

• **감동을 나눌 수 있어요**

"옛날에는 그냥 숲해설 그러면 나무 이름 알고, 풀이름 알고 그랬는데 지금은 전화기 하나만 있으면 딱 찍고 보면 지적인 면은 얼마든지 그 순간에 바로바로 충족을 할 수가 있는데. 숲해설가를 통해서 서로 공유하고 그러면서 감동을 느끼고 이런 것들은 개인적으로 기계를 가지고는 할 수 없는 일이기 때문에 그런 쪽의 전망은 좋다고 생각을 해요." (옥)

숲해설가로서의 삶에 관심을 가진 대학생들에게 해 준 조언이나 숲해설가의 자세에 대한 이야기를 통해서도 숲해설가로서의 삶에 대한 의미를 찾을 수 있었다. 숲해설가가 되기 위해서는 숲에 끊임없이 관심을 가지고 공부하면서 자연환경에 대한 전문적인 지식을 계속 쌓아가는 노력이 필요하며, 숲해설 하는 것 자체를 스스로 좋아해야 한다는 점을 강조하였다. 숲해설가의 자세로는 겸손함과 성실함 등을 꼽았다.

- **숲에 끊임없이 관심을 가지고 공부해야 함**

"끊임없이 관심을 가져주고 끊임없이 공부를 해야지 되는 게 또 이쪽 분야인 거 같아요. 생각보다 쉽지는 않다는 거를 얘기하고 싶더라구요. 후배들이나 새로 공부하는 사람들한테 시간적인 그런 여유로움 없이는 힘들 거 같아요. 이게 하루아침에 공부를 여기서부터 여기까지 외워가지고 한다. 이거는 아닌 것 같아요." (순)

- **자연을 좋아하고 즐기는 태도가 필요함**

"내가 정말 좋아해야지, 내가 이걸 가지고 무얼 해야지 무얼 창출해야지 하는 사람은 절대 성공할 수 없어요." (식)

- **겸손하게 숲을 닮아가야 함**

"일단 욕심을 부리지 말고 숲을 닮아 가면 되죠. 숲을 안내할 수 있고, 교만하지 말고 겸손하고." (원)

3) 종합

숲해설가의 이야기를 통해 숲의 의미, 숲해설의 의미, 숲해설가로 산다는 것의 의미를 확인하였다.

숲해설가들이 이야기하는 '숲의 의미'는 개인별 분석을 통해서 '나눔의 장소', '큰 스승', '보물 상자', '마음의 고향', '배울 것이 무궁무진한 학교', '어우러짐의 장' 등으로 정리되었고, 주제별 분석을 통해서는 '공존의 숲', '치유의 숲,' '배움의 숲' 등으로 정리되었다.

숲해설가들이 이야기하는 '숲해설의 의미'는 개인별 분석을 통해 '숲을 느끼게 해 주는 것', '큰 스승에게로 인도하는 것', '삶의 원동력을 주는 것', '숲을 좋아하게 이끌어주는 것', '자연과 사람을 이어주는 것', '치유의 수단' 등으로 정리되었고, 주제별 분석을 통해서는 '알게 해 주는 것', '이어주는 것', '도와주는 것', '친숙하게 하기' 방법을 통해 '사랑을 가르치는 것'으로 정리되었다.

숲해설가들이 이야기하는 '숲해설가로 산다는 것의 의미'는 개인별 분석을 통해서 '나눔의 즐거움', '여생의 행복', '하늘이 주신 선물', '배우고 터득해 가는 기쁨', '감사와 행복', '받은 사랑을 나누는 것' 등으로 정리되었고, 주제별 분석을 통해서는 '배우고 일하고 나누며 사는 삶의 기쁨과 보람'으로 정리되었다.

이상과 같이 분석 결과를 종합하여 보면 숲해설가들은 숲이 '삶의 일부'이며, 숲해설은 '자연과 관계가 끊어진 사람들을 다시 숲과 이어주는 일'이고, 숲해설가로서 삶은 '자연과 사회로부터 받은 혜택을 자연과 사회에 돌려주는 삶'이라고 이야기하였다. 또한 직업으로 숲해설을 하기에는 환경이 열악하여 전망이 밝지 않고, 숲해설을 준비하며 배우는 과정이 힘들고 어렵지만 보람 있고 행복하다고 생각하고 있었다.

4. 교육과 복지로서의 삶

숲해설가들의 이야기와 숲해설가들을 인터뷰한 대학생들의 이야기를 분석하고 다시 이야기하는 과정을 통해 숲해설가가 이야기하는 숲해설가로서의 삶은 최종적으로 '배움'과 '나눔'의 과정을 통해서 '성장'과 '보람'을 실현하는 '교육과 복지로서의 삶'으로 정리되었다.

〈표 7〉 숲해설가로 산다는 것의 의미 분석

사회(보람)

복지(나눔)			교육(배움)
	(1) 건강/치유/휴양 (보편적 복지)	(2) 인성함양/숲보호 (인성교육/환경교육)	
	(3) 일자리/생계 (선별적 복지)	(4) 자아실현/자격증 (평생교육)	

개인(성장/삶의 질)

숲해설가로서의 삶은 '건강, 치유, 휴양' 등 나눔을 통해 보람을 느끼는 삶의 영역, '인성함양, 숲보호' 등 배움을 통해 보람을 느끼는 삶의 영역, '일자리, 생계' 등 나눔을 통해 생활을 영위해 가는 삶의 영역, '자아실현, 자격증' 등 배움을 통해 성장해 가는 삶의 영역 등 4개의 영역과 관련된다.

(1) 나눔을 통한 보람 : 복지의 시혜자(施惠者)로서의 삶

숲해설가로서의 삶을 통해 국민의 건강과 치유, 휴양 등 국민의 복지에 기여하는 영역이다. 연구에 참여한 숲해설가들에게 숲은 '보물 창고'이며, '나눔의 장소'이다. 숲해설은 숲해설가들이 가지고 있는 지식과 삶의 지혜와 자신들이 살아오면서 자연과 사회에서 받은 '사랑'을 나누는 일이며, 숲해설가들은 이러한 과정을 통해 삶의 보람을 느낀다. 즉, 좋은 건강, 윤택한 생활, 안락한 환경들이 어우러진 사회를 만들어 가는 복지 정책[30]의 시혜자로서 숲해설가의 삶의 의미는 '나눔을 통한 보람'으로 정리할 수 있다.[31]

(2) 배움을 통한 보람 : 교육의 시혜자로서의 삶

숲해설가로서의 삶을 통해 청소년들의 인성을 함양하는 인성교육과 숲과 자연을 보호하도록 하는 환경교육 등 교육에 기여하는 영역이다. 연구에 참여한 숲해설가들에게 숲은 '참 스승'이다. 숲해설은 '스승이자 학교인 숲으로, 즉 배움으로 사람들을 인도하는 일'이며, 숲해설가들은 청소년들이 나와 이웃과 생명을 사랑하도록 돕고, 숲과 자연과 끊어졌던 관계를 회복시킴으로써 생태맹을 극복하고 생태적 감수성을 회복하게 한다.

30) 사전적 의미로서 '복지'란 '좋은 건강, 윤택한 생활, 안락한 환경들이 어우러져 행복을 누릴 수 있는 상태'를 뜻한다.(다음 국어사전) 사회보장기본법 제3조에 따르면 사회복지제도는 크게 사회보험, 공공부조, 대인서비스 및 관련복지 제도 등으로 구분된다. 사회보험에는 국민연금, 국민건강보험, 고용보험, 산재보험, 노인장기요양보험 등이 포함되고, 공공부조에는 국민기초생활보장, 기초노령연금, 의료급여 등이 포함되며, 대인서비스에는 사회복지서비스, 사회서비스 등이 포함된다. 이 중에서 숲해설가 제도는 주로 대인서비스 및 관련복지제도와 연관지어 살펴볼 수 있다. 특히 사회서비스는 사회취약계층의 근로자화 즉 사회적 일자리 창출을 지향한다는 점에서, 관련복지제도는 사회취약계층 대상의 다양한 서비스 제공을 지향한다는 점에서 숲해설가 제도와 연결된다(정재훈, 우리나라 사회복지체계와 산림복지, 국립산림과학원 세미나 자료).

31) 숲해설은 최근 자신의 재능을 나눔으로써 사회에 기여하는 동시에 기부하는 당사자들의 삶의 질도 높인다는 교육기부 운동의 취지와도 부합된다.

이러한 과정에서 숲해설가들은 교육의 시혜자, 즉 '숲해설가 선생님'으로서 자부심을 가진다.

(3) 나눔을 통한 성장 : 복지의 수혜자(受惠者)로서의 삶

숲해설가들에게 숲은 '일터'이기도 하다. 직장 은퇴자, 주부, 청년 취업희망자 등에 사회적 일자리를 제공하고 경제활동을 할 수 있도록 함으로써 이들의 삶의 질을 관리하고 유지시켜 줄 수 있다는 점에서 숲해설 제도는 일자리 등 복지 정책의 일환으로 운영되고 있기도 하다.[32]

(4) 배움을 통한 성장 : 교육의 수혜자로서의 삶

숲해설가로서의 삶은 지속적인 배움을 통해 스스로 자아실현을 해 나가는 삶이라는 점에서 평생교육, 즉 '개인의 전생애를 통한 계속적인 교육'(김선양, 2011)과 연결된다. 숲해설가들은 숲해설가가 되기 위해 먼저 숲을 배운다. '숲에서 끊임없이 배우고, 배운 만큼 더 성장한다'는 숲해설가의 이야기에서 확인하듯, 숲에 관한 공부는 힘들고 어렵지만 그 과정에서 배움의 즐거움과 성장의 기쁨을 얻는다. 듀이가 말한 '교육은 생활이

---

32) 숲해설이 사회적 일자리 차원을 중심으로 운영됨에 따라 숲해설의 질과 함께 숲해설가의 사기가 저하되는 부작용도 발생하고 있어 정책적 차원의 대책이 필요할 것으로 사료된다. 산림청의 숲해설가 제도는 초기에는 정책 차원의 숲해설가와 사회적 일자리 차원의 숲해설가로 분류하여 운영해 왔으나 2008년부터는 두 개의 사업이 합쳐졌다.(산림청 인터넷 카페 http://cafe.daum.net/jung1634).

요, 전생애적인 성장의 과정'이라는 말을 그대로 반영하고 있는, 숲해설가로서 삶의 의미는 '배움을 통한 성장'이라고 정리할 수 있다.

숲해설가의 이야기, 특히 숲해설의 향후 전망과 관련한 지적 등을 통해 숲해설 제도 운영과 관련된 몇 가지 제언을 덧붙이고자 한다.

숲해설가가 자부심과 보람을 느끼며 활동할 수 있도록 사회적 관심과 정책적 배려가 필요하다. 숲해설가들은 사회적 나눔에 참여할 때 메슬로우가 구분한 동기요인 중 성장 동기에 속하는 존경의 욕구와 자아실현의 욕구를 충족시키며 숲해설가로서 보람을 느끼게 될 것이다. 최근 사회적 문제가 되고 있는 학교 폭력과 관련하여 청소년의 정서 함양이나 인성교육 차원에서 기여의 폭을 확대하는 것도 그 한 가지 방안이 될 것이다. 한편 '직업으로 숲해설가 활동을 하기에는 보수가 적다'는 점은 숲해설가들이 '숲해설의 전망이 밝지 않다'고 인식하는 핵심적인 이유이며, 산림학 전공 대학생을 포함한 젊은 층들이 숲해설 분야에 관심을 갖지 않는 요인이기도 하다는 점에서 정책적 대안 마련이 필요하다. 또한 '단계별 또는 대상별로 다양한 스펙트럼을 갖춘 커리큘럼과 숲해설가가 부족하여 숲해설 내용이 차별화되지 않는다'는 지적에도 귀 기울일 필요가 있다. '단계별, 대상별로 다양한 스펙트럼을 갖춘' 숲해설가 양성 커리큘럼 및 숲해설 프로그램이 확충되고 숲이 지닌 다양성을 반영하는 전문성을 갖춘 숲해설가들이 배출될 수 있도록 학술적 연구와 제도적 지원이 뒤따라야 할 것이다.

나침반

대학생이 생각하는 숲

○ 숲의 의미

"저에게 있어 숲은 '어머니'입니다. 어릴 적 읽었던 '아낌없이 주는 나무' 라는 책은 아무리 오랜 시간이 지나도 잊혀 지지 않는 이야기입니다. 나무가 살아서는 열매로, 목재로 우리의 필요를 채워주고, 죽어서까지 밑동을 남겨 쉼터가 되는 내용을 보면서 나도 이다음에 어른이 되면 꼭 누군가에게 도움이 되는 사람이 될 것이라 다짐했던 기억도 납니다.

그렇습니다. 숲은 계속적으로 우리에게 공급해주는데 그 대가를 다 받지 못해도, 아니, 대가를 생각지도 않고 우리에게 계속 좋은 것들을 나눕니다. 마치 우리의 어머니들처럼….

그래서 저는 숲을 찾아갈 때마다, 특히 그 안에서 맑은 공기나 아름다운 자연들을 통해 많은 것들을 누리고 있다는 것을 느끼게 될 때면 '숲은 진짜 엄마 같아!' 라는 말을 종종 하게 됩니다."

○ 숲해설의 의미

"숲해설이란 말할 수 없는 숲을 대신해 사랑을 고백하는 것이다'라고 정의하고 싶습니다. 우리는 좋아하는 사람이 생기면 선물을 주거나 편지를 써서 그 마음을 고백합니다. 숲은 우리가 알게 모르게 계속적으로 무언가를 주고 있지만, 관심이 없는 사람이나 그것을 느끼지 못하는 사람들은 그 마음을 쉽게 지나치게 됩니다.

이처럼 숲이 전하고 싶은 마음을 잘 알지 못하는 사람들에게, 또는 더 잘 알고 싶은 사람들에게 숲을 대신하여 그 마음을 전해주는 사람이 숲해설가가 아닐까 생각합니다.

그리고 숲해설을 한번쯤 들어본 사람이라면 숲해설 프로그램이 끝날 때 즈음이면 왠지 모르게 마음 한편이 따뜻해지는 것을 느꼈을 것입니다. 그건 아마도 숲해설, 다시 말해 숲의 사랑고백이 잘 전해졌기 때문이 아닐까요?"

○ 숲교육'에 대한 생각

"평소에 요즘 어린아이들을 보면 참 안타깝다는 생각을 많이 했었습니다. 학교수업이 끝나면 피아노, 영어, 수학 등 쉴 새 없이 학원을 다니고, 유일한 놀이는 컴퓨터게임이 전부인 듯 보이는 아이들을 보면 한편으로 짠하기도 했었습니다.

제가 졸업한 초등학교를 봐도 그렇습니다. 제가 다닐 때만 해도, 사육장과 텃밭이 가꾸어져 있었고, 화단에는 다양한 식물들이 있었습니다. 그런데 지금은 운동장에 인조잔디를 깔고, 수영장을 만들고, 건물들을 기능적으로 재건축하면서 자연환경은 거의 사라지고 말았습니다. 이러한 상황이 요즘 아이들이 얼마나 자연과 교류할 시간이 없는지 잘 보여주고 있는 듯합니다.

숲해설가 선생님과 함께 참여했던 도시궁궐 탐방프로그램은 정신적으로 불편함이 있는 어린이들을 대상으로 이루어진 프로그램이었습니다. 저는 어찌 보면 짧을 수 있는 2시간 30

분정도의 프로그램을 참관하면서, 아이들이 자연 속에서 얼마나 순수하게 반응하는지, 자신들 내면에 잠재되어 있는 창의력이나 사고력들이 얼마나 풍성하게 나올 수 있는지를 몸소 느꼈습니다. 이뿐만 아니라, 아이들은 자연 속에서 공동체를 배우고 사랑을 배워가는 것 같았습니다. 하나의 나무가 병이 들면 그 주변에 있는 다른 식물들도 같이 아플 수 있다는 것. 너무 큰 나무들만 있으면 그 아래에 있는 작은 나무들이 햇빛을 받지 못해 죽을 수 있다는 것 등등 아이들은 직접 말로 설명해주지 않아도 자신들의 마음으로 자연을 읽고 적용할 수 있는 부분들을 충분히 가지고 있었습니다.

강원도 횡성 '숲체원'에서 있었던 그린레인저 프로그램도 생각이 납니다. 저는 프로그램에 참여하는 아이들을 보면서, 어떤 친구들은 자연스레 리더십을 발휘하고 또 어떤 친구는 어렵고 힘들어하는 친구를 도와줄 줄 아는 선행을 베푸는 것을 보면서 자연 속에서의 배움은 다른 누군가의 큰 도움 없이도, 스스로 배워나갈 수 있구나 라는 것을 깨달았습니다.

그렇습니다. 저는 숲교육이 다른 어느 곳에서의 교육보다 스스로 자신의 재능을 키우고 능력을 발견할 수 있는 좋은 기회라 생각합니다. 또, 아이들의 창의력이나 사고력 및 자신감까지도 키워줄 수 있는 교육 현장이라 생각합니다. 그 뿐만 아니라, 자연은 아이들 스스로가 공동체를 배우고 사랑을 경험하면서, 누군가에게 먼저 손 내밀 줄 아는 인성교육도 겸해줄 수 있는 좋은 곳이라 생각합니다.

요약하자면, 국·영·수 같은 이론적인 학업도 중요하겠지만, 직접 관찰하고 체험하면서 경험하고 배울 수 있는 숲교육이 더 중요하며 그 어느 때보다 필요한 시점이라고 생각합니다. 특히 미취학 아동이나 청소년들에게는 말이죠."

<K대학교 산림대학 학생의 글>

CHAPTER 5

인성과 숲교육

어원으로 보았을 때 한자 '敎育'의 '교(敎)'는 효도의 의미를, '육(育)'은 사랑의 의미를 가지고 있다. 아이가 노인을 업고 있는 모양이 교(敎)자의 앞부분(孝)이다. 동양에서 교육은 효도하는 마음에서 시작되었다. 육(育)자의 윗부분(去)은 아들 자(子) 자가 뒤집어져 있는 모양이다. 똑바로 있지 못하고 뒤집어져 있으니 부랑아라는 뜻이다. 이 자식을 어머니처럼 따뜻한 가슴으로 품고 지속적으로 바른 길로 인도한다는 의미를 가지고 있는 글자가 육(育)자이다. 나는 숲이 이러한 교육의 어원적 의미를 잘 실현할 수 있는 장소라고 생각한다.

서양에서 'education'의 어원은 'educare'이다. 'e'는 '밖으로'라는 뜻의 접두사이고 'ducare'는 '이끌어내다'라는 의미를 가지고 있다.

아이들이 가지고 있는 좋은 성품, 소질, 재능, 능력을 밖으로 끄집어내 준다는 뜻이다. '교육학'을 뜻하는 'pedagogy'라는 말도 교사가 아이들을 밖으로 데리고 나간다는 의미를 가지고 있다.

아이들을 밖으로, 숲으로 데리고 나갈 때 아이들은 그곳에서 배운다. 숲은 아주 먼 과거에도 그랬듯이 아주 먼 미래에도 최고의 교실일 것이다.

인성과 교육과 숲[33]

1. 인성교육이 필요한 시대

21세기 사회는 끊임없는 경쟁, 1등만 살아남는 서바이벌 게임의 무대가 되고 있다. 살벌한 생존경쟁 속에서 인간이 비인간화되고, 자신의 삶과 타인의 삶을 파괴하는 일이 만연한다. 기존 사회의 역사적·문화적 전통을 담고 있는 가치와 규범, 관심들이 상대화되고 구속력을 상실하여 개인과 사회는 질서를 잃고 혼란에 빠지고 있다. 디지털사이버 문화, 인공지능기술, 생명공학의 발달 등 인간사회의 모든 분야에서 진행되고 있는 기술혁명은 그 미래를 예측하기 어렵게 만든다. 21세기 인간은 자신의 삶의 질서를 스스로 형성시켜야 하는 과제를 떠안게 되었다(강선보 외, 2008).

미래를 짊어질 성장세대인 청소년들의 현실은 어떠한가? 청소년들은 삶에 대한 부정적인 인식이 높다. 초·중·고등학교 학생의 비만율, 우울감 경험률, 인터넷 중독률 등이 증가하는 등 학생들의 신체적·정신적 건강 상태가 악화되고 있다. 청소년들의 신체활동 참여율(2008년 38.0% → 2010년 26.9%)과 하루 평균 여가시간(2004년 4시간 33분 → 2009년 4시간 5분)도 계속해서 감소 추세이다. 학교급이 높아질수록 자기만족도가 저하

33) 조규성·이훈병(2015)에 게재된 글의 일부를 수정하였음.

되며, 행복 수준 역시 OECD 국가 중 최하위이다. 학교를 떠나는 학생들도 늘고 있다. 학교에 적응하지 못하고 학업을 중단하는 학생들이 증가하고 있으며 학교 부적응은 사회 부적응으로 악순환 되고 있다. 학교 폭력에 아이들의 몸과 마음은 병들고 있다. 특히, 언어적・정서적 폭력이 심각하며, 가해학생은 폭력을 장난으로 인식하고 있고, 폭력학생은 보복이 두려워 폭력을 목격하고도 방관한다. 1990년대만 해도 주로 고등학교 수준에서 발생하던 학교 폭력이 2000년 이후 중학교와 초등학교로 확산되면서 그 심각성이 더해가고 있다. 한국청소년폭력예방재단의 실태조사에 의하면 2011년 현재 720만 전국 초・중・고등학교 학생 중 약 30만 명이 집단 따돌림을 당하고 있으며, 그 중에 각종 학교폭력 피해자는 약 70만 명에서 최대 120만 명에 달하는 것으로 추정되고 있는데, 이는 학생 5명 중 1명 꼴에 해당한다. 학교 폭력의 발생연령도 낮아져서 2011년도 피해학생 중 53.4%와 가해학생 중 58.0%가 초등학교 때 최초로 학교 폭력을 경험하는 것으로 나타났다. 학교폭력 피해 경험이 있는 학생이 다시 폭력을 당하지 않기 위하여 다른 학생에게 폭력을 행사하는 악순환이 발생하는 등 학교 폭력은 또 다른 학교 폭력을 부른다. 단순한 신체적 폭력이 아닌 강제적인 심부름, 신체적 모욕이나 학대, 사이버폭력 및 따돌림과 같은 언어적・정신적 폭력이 증가하고, 학교 폭력의 집단화 경향도 두드러져서 심각한 범죄 단계에 이르고 있다(송재홍 외, 2013).

"한 인간을 도덕이 아닌 머리로만 교육하는 것은 사회에 대하여 하나의 위험인물을 교육하는 것과 다를 바 없다"고 한

Lickona(1991)의 말은 우리에게 많은 점을 시사한다. 교육이 시작된 이래로 인성교육이 강조되지 않은 적은 없었지만, 그 어느 때보다 인성교육이 필요한 때이다.

2. 인성

인성(charactoer)이라는 개념은 이를 사용하는 맥락에 따라 다양하게 이해될 수 있다. 사전적인 의미로 인성은 ‘사람의 성품(human nature)’을 말한다. 우리말큰사전(1992)에서는 인성을 사람의 품성을 뜻하는 것으로 윤리적으로는 도덕적 행위의 주체, 심리학적으로는 지 · 정 · 의(知情意)의 주체, 법률적으로는 권리와 의무의 주체, 사회적으로는 공동생활의 주체라고 정의하고 있다. 브리태니카 사전(1978)에서는 인성을 습득되어지는 ‘무엇’으로 인간의 정신활동에서 동기유발적인 특성을 지칭하는 용어로 정의하고 있다. 교육학용어사전(1981)에서는 인성은 개인의 지적, 정의적, 의지적 특징을 포괄하는, 정신적 특성을 나타내는 말로서, 흔히 성격, 개성과 같은 말로 이용된다고 설명하고 있다. 학문적으로는 다소의 차이가 있지만 교육학 분야에서는 ‘인성’으로, 정신분석학 분야에서는 ‘인격’으로, 심리학 분야에서는 ‘성격’으로 통용되고 있다. 한편, 인성의 개념에는 개성, 기질, 성격 등 개인의 심리적 특성이 강조된 개념이 있는가 하면, 인간성, 사람됨, 도덕성 등 개인이 내면화해야 할 사회나 시대의 신념, 문화, 가치를 보다 강조하는 개념이 있다.

인성에 대한 정의는 학자에 따라서도 다양하다. 학자별로 인성의 개념 정의를 정리하면 다음과 같다.

〈표 8〉 인성교육의 개념 (교육과학기술부, 2012)

학자	인성의 개념 정의
현주 외 (2009)	보다 긍정적이고 건전한 개인의 삶과 사회적 삶을 위한 심리적, 행동적 특성
조연순 (2008)	자신의 내면적 요구와 사회환경적 필요를 지혜롭게 잘 조화시킴으로써 세상에 유익함을 미치는 인간의 특성
남궁달화 (1999)	사람의 성품이며, 성품은 성질과 품격. 성질은 마음의 바탕이고 사람됨의 바탕을 가리키는 말
이윤옥 (1998)	다른 사람에게 주는 그 사람의 전체적인 인상으로, 성품, 기질, 개성, 인격 등 가치개념의 의미를 내포
한국교육학회 (1998)	사람의 마음의 바탕이 어떠하며, 사람된 모습이 어떠하다는 것을 말하는 개념으로, 사람의 마음과 사람됨이라는 두 가지 요소로 구성
이근철 (1996)	좁게는 도덕성, 사회성 및 정서(감정) 등을 의미. 넓게는 지·덕·체 또는 지·정·의를 모두 골고루 갖춘 전인성
황응연 (1992)	환경에 대응함으로써 나타나게 되는 행동 및 태도, 동기, 경향성, 인생과정들의 총합. 사람들에게 있어 시간과 상황에 걸쳐 지속되는 독특한 구조이며, 인성은 어떠한 경험을 하느냐에 따라 크게 변화될 수 있다는 의미를 포함

조난심 (2004)	인성은 태어나면서 지니고 있는 성격이나 특질의 개념이 아니라, 의도적 교육이나 학습에 의해 습득하거나 변화가 가능한 인간의 성품을 지칭하는 것
미교육부 (2008)	존중, 공정성, 보살핌 등의 도덕적, 윤리적 가치와 책임감, 신뢰, 시민성 등을 망라하는 개념으로, 개인 또는 집단의 정서적, 지적, 도덕적 자질은 물론 이러한 자질들이 친사회적 행동으로 발현되는 것을 포함하는 것

최근에 이루어지고 있는 인성 개념 논의에서는 대체로 미래 사회에서 성공적인 삶을 영위하는 데 필요한 핵심 역량(key competencies)이 강조되고 있다. 자신의 내면을 바르고 건전하게 가꾸는 데 필요한 성품과 역량(개인적 차원), 타인 · 공동체 · 자연과 더불어 살아가는 데 필요한 성품과 역량(타인 · 공동체 · 자연과의 관계 차원)을 포함한다.

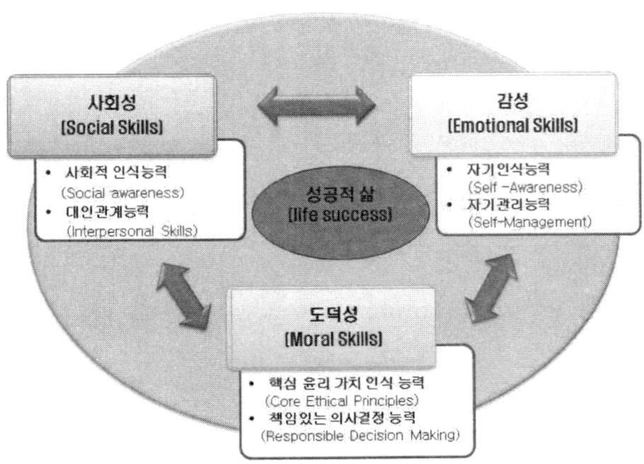

[그림 2] 인성의 3차원 (교육과학기술부, 2012)

교육과학기술부(2012)는 인성의 핵심 가치를 '도덕성, 사회성, 감성'의 세 가지 차원으로 설정하고 각각의 차원마다 두 가지 핵심 역량을 제시하였다.

감성 차원의 핵심 역량은 자기인식 능력과 자기관리 능력으로 구성된다. 자기인식 능력은 상황에 맞게 자신의 생각과 감정을 정확하게 표현하고 이해하고, 자신의 강점, 약점, 흥미, 능력 등을 파악하는 능력이다. 자기관리 능력은 스트레스를 조절하고, 충동을 억제하며, 개인적 목표를 설정하고, 자신의 생각과 행동을 조절 실행하여 목표를 달성하는 능력이다.

사회성 차원의 핵심 역량은 사회적 인식능력과 대인관계 능력으로 구성된다. 사회적 인식능력은 타인의 사고, 감정, 관점에 대해 인식하는 능력이다. 대인관계 능력은 만족스러운 대인관계를 형성 유지하기 위해 의사소통, 타협, 협력하는 능력과 타인과의 갈등이나 문제 상황을 인지하고, 원인을 진단하고, 해결 방법을 탐색하고 해결할 수 있는 능력이다.

도덕성 차원의 핵심 역량은 핵심가치 인식능력과 책임 있는 의사결정 능력을 말한다. 핵심가치 인식능력은 학급, 가정, 사회에서 요구되는 윤리적 가치와 행동 원리를 실제 상황 속에서 이해하고, 느끼고, 실천하는 능력이다. 책임 있는 의사결정 능력은 위험한 행동, 비윤리적 행동을 하지 않고, 합리적이며 도덕적으로 판단하고, 자신의 판단과 결정에 대해 책임지는 능력이다.

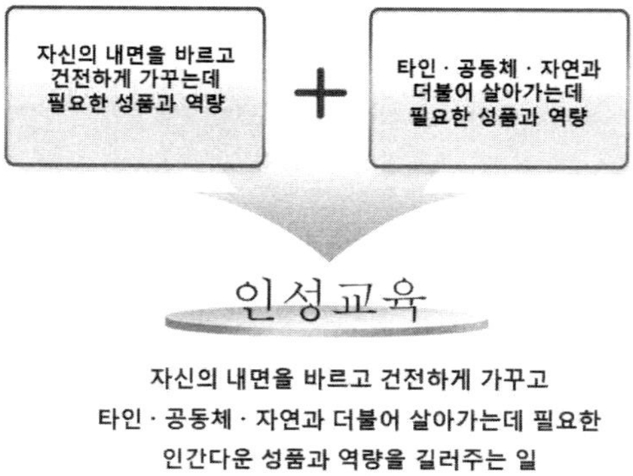

[그림 3] 인성교육의 정의 (교육부, 2013)

한편 정창우(2013)는 인성을 '자신의 내면을 바르고 건전하게 가꾸고, 타인 · 공동체 · 자연과 더불어 살아가는 데 필요한 인간다운 성품과 역량'으로 정의하였다. 교육부(2014)는 인성교육의 핵심 덕목을 사회(소통, 협동), 우리(존중, 배려, 공감), 나(정직, 책임)의 영역으로 나누어 설정하였으며 이러한 개념을 바탕으로 인성교육을 '개인의 내면을 바르고 건전하게 가꾸고 타인 · 공동체 · 자연과 더불어 살아가는 데 필요한 인간다운 성품과 역량을 길러주는 일'로 정의내리고 있다.

3. 인성교육

인성교육의 필요성을 몇 가지 측면에서 나누어 정리해 보면 다음과 같다.

첫째, 발달심리적 측면으로, 인성은 특정 발달 시기에 어떤 경험을 하느냐에 따라 삶의 방향과 도덕적 행위의 질적 수준이 결정되기 때문에 발달시기에 따른 인성교육이 제공될 필요가 있다. 둘째, 개인적 측면으로, 인성교육은 다른 사람을 존중하고 이웃과 더불어 서로 행복하게 살아가는 방법을 찾아가도록 안내해 줌으로써 개개인의 행복을 증진시켜 준다.

셋째, 국가·사회적 측면으로, 우리 사회를 병들게 하는 이기주의, 황금만능주의, 공동체 의식의 상실, 도덕성의 상실 등에 대해 반성하고 새로운 대안을 찾아 실천하도록 하는 인성교육은 풍요롭고 사랑이 넘치는 국가와 사회를 만드는 데 기여한다. 넷째, 시대적 측면으로, 인성교육은 기술문명의 발달과 각종 정보의 폭발적인 증가 등으로 인한 급격한 변화와 발전의 시대를 맞아 이러한 환경에 올바르게 적응하고 대처할 수 있는 지혜와 의지를 가질 수 있도록 돕는다.

다섯째, 전 지구적 측면으로, 지구온난화, 기아, 전쟁 등 인류가 처한 공동의 위기를 극복하고 지속가능한 미래를 만들어 가도록 하기 위해서도 인성교육은 더욱 필요성이 증대되고 있다(이병석 외, 2010).

바람직한 인성을 가지도록 하기 위해 어떻게 인성교육을 실시해야 하는가? 인성교육의 목표를 한국교육학회(1998)는 다음과 같이 5가지로 정리하였다.

첫째, 자신에 대한 올바른 이해를 도모하는 것이다. 자신의 감정과 동기를 정확하게 이해하는 것은 인성의 핵심적 요소가 된다. 자기 자신을 올바르게 이해하는 사람은 자신에게 가장 합리적이고 현실적인 행동을 선택하고 실행할 수 있기 때문이다. 둘째, 자기 자신을 존중하고 수용하는 것이다. 자기 자신을 올바르게 이해하는 사람은 자기 자신을 존중하고 수용하는 경향이 있는데, 이는 지나친 자기애나 이기적인 품성과는 전혀 다른 성질의 것이다. 셋째, 자기 자신의 일시적인 감정이나 충동을 통제하고 조절할 수 있는 능력을 기르는 것이다. 바람직한 인성의 소유자는 자신의 본능적 충동이나 감정 때문에 좌절하거나 물의를 일으키기보다는 이를 생산적이고 창조적이며 적극적인 방식으로 승화시켜 표현할 줄 안다. 넷째, 올바른 현실감각을 배양하는 것이다. 자신의 환경, 사회적 맥락, 주어진 과제의 특징 등을 정확히 이해하는 현실에 기초한 사고는 건전한 인성의 필수적인 요소이다. 다섯째, 공감적 이해능력과 타인존중의 자세를 함양하는 것이다. 공감이란 말 그대로 타인의 감정을 공유하는 것으로써, 상대방의 입장을 이해하면서도 결코 자기 자신을 잃지 않는 것을 말한다. 오늘날 청소년들의 비행과 범죄행위는 다른 사람들의 감정을 공감하지 못하고 상대방의 인격을 존중하지 못하는 결과라고 할 수 있다.

한편, 강선보 외(2008)가 지적하는 기존의 인성교육의 문제점은 역으로 향후 인성교육이 지향해야 할 방향을 보여 주고 있다.

첫째, 기존의 인성교육은 단시간 내에 가시적인 효과를 낳는데 집중하고 있다는 점이다. 인성교육은 한 인간의 내면의 변화를 꾀하고, 개인이 자신을 스스로 통찰할 수 있는 기회를 제공함으로써 깊이 있는 인성의 함양이 이루어지도록 인간 전체를 다루면서 장기적인 관점에서 다루어져야 한다. 둘째, 기존의 인성교육은 주로 문제아와 관련되고 이들이 문제를 유발하는 것을 방지하기 위한 교육에 중점을 두는 경향이 있다. 이런 경향은 교육의 방법에 있어서도 주로 교화의 관점에서 다루도록 한다. 그러나 인성교육이란 인간이 인간다운 인간으로서 가져야 할 품성을 갖추도록 하는 것이며, 인간이 자신의 본래적인 모습을 회복하려는 의도적인 노력이라는 점에서, 특정한 대상만이 아니라 모든 이를 대상으로 인성교육이 이루어져야 할 것이다. 셋째, 기존의 인성교육은 프로그램 내용이 체계적·조직적으로 이루어지지 못하고 있으며 특정 덕목만을 강조하는 경향이 있다. 인성교육에 대한 체계적인 연구가 이루어져야 할 것이며, 대상과 상황의 특성에 따른 프로그램들을 개발하고 지속적으로 운영하는 노력이 뒤따라야 할 것이다.

4. 인성 발달

인성교육은 어느 한 시기에 국한되는 것이 아니라 우리의 전 생애 과정에서 언제나 이루어져야 하는 교육의 중심 주제라고 할 수 있다(홍순정 외, 2013). 에릭슨은 인간의 출생에서 죽음까지 정체성을 어떻게 발달시키는지에 따라 인성 발달을 표2와 같이 분류하였다. 각 단계에서 인간은 개인적 욕구 및 능력과 사회적 욕구의 통합을 필요로 하는 특정한 문제에 직면하게 되는데, 이러한 심리적 위기를 어떻게 극복하는가에 따라서 인성 발달의 방향이 달라진다.

〈표 9〉 생애주기 발달과정과 단계별 특징 (박노권, 1998)

사회심리 갈등	시기	덕목	악덕목	영향 주는 관계	사회심리 적 양태
기본적 신뢰 vs 불신	유아기 (1년)	희망 (Hope)	탐심 (Gluttony)	어머니	얻으려 함 (Getting)
자유성 vs 수치와 의심	전기아동기 (2-3년)	의지 (Will)	분노 (Anger)	부모	잡고 (holding on) 보냄 (letting go)
주도성 vs 죄책감	놀이기 (4-5년)	목표 (Purpose)	탐욕 (Greed)	가족	추구(go after things) 오디프스
근면 vs 열등감	학령기 (6-11년)	능력 (Competence)	시기 (Envy)	학교	만듦 (Making things)
정체성 vs 정체성혼란	청소년기 (12-20년)	충실 (Fidelity)	자만심 (Pride)	동료그룹	자신이 됨 (Being oneself)
친밀감 vs 소외	초기성인기 (21-34)	사랑 (Love)	정욕 (Lust)	결혼상대자, 친구들	남과 나눔 (Losing oneself)
생산성 vs 침체	성인기 (35-60년)	돌봄 (Care)	무관심 (Indifference)	자녀, 젊은이	돌봄 (taking care of)
통합 vs 절망과 혐오감	노인기 (60-)	지혜 (Wisdom)	우울 (Melancholy)	살아있는 전통	to be, through having been

에릭슨이 구분한 발달단계는 아니지만 부모와 아기와의 인격적인 만남이 태아 때부터 시작된다는 관점에서 태교는 최초의 인성교육이라고 할 수 있다. 태아기에는 임산부의 마음가짐, 태도 등에 따라 태아의 인성이 형성된다. 태교는 부모가 몸과 마음을 정결하게 가짐으로써 그와 동일한 상태를 뱃속의 태아에게 전수해 주려고 하는 행위이다. 이는 임산부가 태아에게 신체적으로 직접적인 영향을 주는 것만 아니라 그것을 임산부가 실천함으로써 태아에게 교육적 영향을 준다는 점에서 교육적 관심의 표현으로 보아야 한다.

일생에 있어서 영유아기는 매우 중요한 시기이다. 체격의 기초가 형성되고 생활습관의 기초가 형성되는 시기로서 영유아기의 경험은 한 인간의 생애에 지속적인 영향을 미친다. 막 태어난 어린아이는 돌보는 사람(특별히 어머니)과의 관계를 통해 자신들이 필요한 것을 가지려고 애쓴다. 이때 아기가 일관성 있고 수용적이며 따뜻한 대접을 받게 되면 신뢰하는 것을 배우게 되고, 그 결과 다른 사람에 대한 개방적 자세, 삶에 대한 긍정적 관점, 자신에 대한 신뢰가 형성된다. 그러나 이 위기가 성공적으로 해결되지 못하면 다른 사람이나 자신, 또는 세상을 신뢰하는 데 어려움을 겪게 된다.

2~3세 때 유아들은 용변가리기, 예의 바르게 밥 먹기 등을 훈련하면서 자신이 스스로 할 수 있다는 자율성과 동시에 사회적 기대와 압력을 의식함으로써 생기는 수치심을 느끼게 된다. 이때 유아의 독립심을 허용하고 격려해 준다면 유아는 자기 자신을 조절할 수 있는 의지를 배우며 자율적인 인격체로 성장해

갈 것이다.

4~5세 유아의 관심은 자기 신체에만 머물지 않고 주위 사람들에게 확대된다. 이때부터 유아는 도덕의식이 싹트며 부끄러움이나 죄책감을 느끼기 시작하는데, 이러한 감정은 도덕률과 양심의 기초가 된다. 이 시기에 부모가 간섭하거나 유아의 호기심 어린 질문이나 행동에 무관심하면 유아는 죄책감에 사로잡혀 정서적으로 불안하게 된다. 따라서 부모는 유아가 자발성과 호기심을 갖고 환경에 대한 적극적인 탐색을 통해 즐거운 경험을 할 수 있도록 격려해 주어야 한다.

현재 유치원과 어린이집으로 이원화되어 있는 교육·보육과정을 통합한 만 3, 4, 5세 누리과정에도 유아기부터 타인을 배려하고 존중하며 공감하는 역량을 기르기 위한 교육내용이 포함되어 있다. 예를 들어 '사회관계' 영역에서는 유아가 자신을 알고 소중하게 여기며, 가족, 또래와 함께 원만하게 지내는 방법뿐 아니라 공동체에서 함께 살아가는 방법을 익히고 사회에 관심을 가지며 적응해 나갈 수 있는 기초능력과 인성을 기르도록 하고 있다(김혜숙, 2014).

초등학교에 입학하는 아동기는 가정에서 벗어나 또래와의 접촉이 확대되고 공적인 사회적 환경으로 나아가는 전환적 시기이다. 이 시기 아동이 다양한 활동에 열정적으로 참여하여 발달과업을 성공적으로 완수하면 근면성을 형성하게 되나 실패할 경우 부정적 자아상과 부적절하다는 느낌을 가지게 되어 열등감을 가질 수 있다. 아동기는 정서의 통제와 조정이 가능한 수준에 이른다. 지시나 통제, 명령보다는 스스로의 행동에 대해

칭찬하고 아동의 판단을 존중하는 것이 건전하고 건강한 정서 형성에 중요한 역할을 한다.

아동기 인성의 주요덕목으로 홍순정 외(2013)는 대인관계, 책임감, 협동성, 근면성, 자아존중감 등을 들고 있다. 전도근(2011)은 중점지도 영역과 영역별 내용으로 자아확립(자아정체감 형성, 진로, 긍정적인 생각, 자기효능감), 기본생활습관(규칙적인 생활, 시간관리, 정리정돈, 청소), 도덕성(식사예절, 효도, 초대와 방문예절, 인사예절, 전화예절, 관람예절, 대화법), 공동체 의식(협동심, 준법정신, 공중도덕, 질서, 봉사활동, 다문화가정)을 제시하였다. 교육과학기술부가 발표한 인성교육 대국민 설문조사와 2012 인성교육 실태조사 결과에 따르면 학부모 48.4%, 교사 48.2% 등이 초등학교시기를 인성교육의 결정적 시기로 꼽고 있다. 특히 최근 학교 폭력이 심각한 사회문제로 부각되고 있는데, 그 연령이 낮아져 초등학교에서 학교 폭력에 대한 예방을 위한 인성교육이 절실한 실정이다.

인간의 성장 발달 단계에서 볼 때 청소년기는 "나는 누구인가?"라는 질문 속에서 정체감 혼란을 경험하는 시기이다. 질풍노도의 시기라고 불리는 이 시기에는 부모나 기성세대와 갈등을 야기하기 쉬우며, 성에 관련된 욕구와 갈등으로 인해 많은 고민을 하게 된다. 정체성 즉, '일관성 있는 자아'를 찾아 떠나야 하는 이 시기의 주요한 과제는 자아존중의 태도이다. 자아존중의 태도는 청소년기의 신체적 발달이나 인지적 발달에서 겪는 어려움을 바람직한 방향으로 이끌어 갈 수 있는 힘이 된다. 또한 청소년기는 친구관계나 또래관계에 영향을 주고받기 때문에 인간관계에 대한 이해와 더불어 성숙하고 바람직한 인간관계를 맺을 수 있도록 노력해야 한다.

사춘기가 끝나면 초기 성인기에 접어드는데, 이 시기는 바로 그 사람의 인생 모습(life style)이 결정되는 때이다. 이 시기는 여태까지 키워온 자아정체를 기초로 본격적으로 다른 사람들과 함께 사회생활을 시작하는 때이며, 이 같은 사회생활을 성공적으로 하는 데 가장 필수적인 심리적 조건은 친밀감이다. 친밀감이란 사람들과 가까워지는 과정에서 자기 자신을 상실할 것 같은 두려움을 느끼지 않으면서 다른 사람과 솔직해지고 그를 위하고 싶어지고, 좋아하는 관계를 형성할 수 있는 능력을 의미한다. 결혼은 성인기의 대표적인 한 과제이며, 친밀감이 형성되는 또 하나의 장은 직장생활이다. 사람들은 친밀감을 통해 서로 애정적이고 지적인 자극을 주고받음으로써 행복해짐을 느낀다.

성인 중기는 정립된 자아를 통해서 이웃과 세계를 위해 의미 있는 일을 실천하는 단계이다. 생산성의 우선적인 관심은 자녀를 생산하고 잘 가르쳐서 다음 세대가 건전하게 발전할 수 있게 톱니바퀴의 역할을 수행하는 것이다. 이것은 이웃과 세계, 생태학적 위기에 대해서까지도 사랑을 가지고 돌보려는 성숙한 태도를 의미한다. 한편, 생산적인 책임을 수행하지 못할 경우 침체에 빠지게 된다(박노권, 1998).

노년기는 인간의 모든 갈등이 조화롭게 통일되며 성숙한 경지에 도달하는 시기이다. 이 시기의 특징은 자신의 삶 전체를 받아들이는 것이다. 이제까지의 삶을 만족과 감사로 받아들이며, 심지어 자신의 죽음까지도 받아들이는 것이다. 이러한 통합과 성숙에 실패할 때 나타나는 대극은 절망감으로, 삶을 후회하거나 염세적인 태도를 취하게 된다. 이때 필요한 것이 자아통합감이다. 지나온 인생에 대해 그럴 수밖에 없었음을 받아들이고 인생의 의미를 찾고 참다운 지혜를 획득하는 것이다. 긍정적인 자기충족적 예언을 가지고, 노인 자신에게 능력에 대한 자신감과 신뢰를 심어주는 것이 노년기 인성교육의 주요 과제이다.

5. 숲을 통한 인성교육

숲교육은 인성교육적 측면에서 다양한 가치를 가지고 있다. 첫째, 감성 및 정서적 안정감이 발달한다. 끊임없이 변화하는 자연을 오감을 통해 접하면서 숲이 주는 생명의 충만함 속에서 생태적 감수성과 정서적 안정감을 얻게 된다. 둘째, 긍정적인 태도와 사회성이 발달한다. 숲에서 억제되었던 욕구와 부정적 감정 등을 마음껏 발산하며 내적인 평안과 긍정적인 태도를 갖게 된다. 또한 숲에서 함께 어울리며 활동하는 가운데 사회적 상호작용이 활발히 이루어지며 사회성이 발달하게 된다. 셋째, 타인에 대한 배려와 존중을 배운다. 나무와 풀, 곤충과 새 등 모든 생명체들은 고유한 존재가치를 지니며 각자의 역할에 따라 유기적 관계를 맺고 있음을 온몸으로 체험하며, 배려와 존중의 태도를 배운다(곽노의, 2010).

최근 숲을 통한 인성교육은 주로 기존의 숲체험 프로그램에서 인성교육 프로그램 요소가 강조된 형태로 운영되고 있다. 인성교육 프로그램 요소는 상담적 요소, 예술적 요소, 놀이적 요소, 노작적 요소 등 다양하다.

상담적 요소가 더해진 경우로는 '또래상담'을 적용한 프로그램을 예로 들 수 있다. 청소년기에는 또래집단의 영향력이 크다는 점에서 또래의 중재를 통해 인성교육의 효과를 기대할 수 있다. 또래 상담자의 친구되기, 경청하기, 상담하기 등을 적용한 '피해자의 친구되기', '폭력 상황 Stop', '교육심리극', 'UCC', '온라인 커뮤니티 상담' 등의 프로그램을 숲에서 적용할 수 있다.

예술적 요소가 더해진 경우로 청소년의 정서 순화 등의 목적으로 숲에서 악기 연주나 미술작품 창작, 공연 등의 활동을 하는 프로그램을 들 수 있다. 청소년들이 숲에서 북 연주를 할 때 세로토닌이 분비되고 정서적 안정감이 발달하다는 점에 착안한 프로그램 등이 대표적 사례라 할 수 있다.

놀이적 요소의 경우, 숲유치원에서 놀이 활동을 들 수 있다. 온갖 자연적인 놀잇감으로 이루어진 숲은 아이들이 놀기에 최적의 장소이다. 숲에서 뛰어놀 때 아이들의 마음은 활짝 피어나며, 타인에 대한 배려와 존중, 상상력과 창의성이 발달한다. 한편 청소년이나 성인을 대상으로 하는 인성교육 프로그램에 놀이적 요소를 넣어 자연스럽게 감성과 사회성 등을 함양할 수 있다.

노작적 요소로는 텃밭 가꾸기를 통한 인성교육을 예로 들 수 있다. 흙을 만들기 위한 텃밭 고르기, 거름주기부터 물을 주고 잡초를 뽑는 등의 활동을 통해 땀 흘리고 인내한 후에 얻는 기쁨을 자연스럽게 느낀다. 또한 봄, 여름, 가을, 겨울 등의 시간의 흐름 속에서 경이로운 생명의 소중함을 깨닫게 된다.

연령대별 숲교육 프로그램은 산림청의 생애주기별 정책과 보조를 같이 한다. 숲 태교 프로그램은 '숲에서 걷기', '바람과 물소리 듣기', '숲 향기 맡기', '명상', '체조' 등 숲에서 임산부와 태아가 교감할 수 있는 프로그램으로 운영된다.

유아 대상 프로그램은 계절별 놀이와 산책, 관찰 등을 중심으로 운영되며, 누리과정과 연계도 가능하다. 아동·청소년 대상 프로그램은 숲해설과 자연관찰뿐만 아니라 학교폭력 예방을 위한 예술적 요소, 상담적 요소, 치료적 요소 등이 다양하게 접목되고 있다. 청년을 대상으로는 산악자전거, 산악마라톤, 암벽등반 등 모험적 요소가 가미된 산악 레포츠가, 장년 및 노년층을 대상으로 휴양과 치유적 기능이 강조된 프로그램이 주로 인성교육적 차원에서 운영된다.

어린이들을 대상으로 인성교육을 할 때에는 인성적 미덕을 실질적으로 체험하고 연습하고 실천하는 기회를 제공해 주어야 한다. 어린이들에게는 좋은 인성의 내면화와 습관화가 특히 중요하기 때문이다. 인성교육의 이론적 내용을 주입하려고 하지 말고 어린이들이 숲에서 활동하는 동안 자연스럽게 인성적인 발달이 이루어질 수 있도록 프로그램을 계획하고 실행하는 것이 필요하다.

청소년을 대상으로 인성교육 프로그램을 운영할 때에는 청소년의 신체적 · 인지적 · 심리적 발달 특성을 숲교육 지도자가 잘 이해하는 것이 필요하다. 인성교육 프로그램이 일반청소년을 대상으로 하는지 문제청소년들을 대상으로 하는지 등도 고려해야 한다. 청소년들이 숲교육 지도자를 신뢰하고 적극적으로 참여하도록 동기를 부여하는 것이 중요하다.

성인 대상일 때에는 참여자의 연령이나 직업, 흥미, 참여 동기 등을 사전에 파악하도록 한다. 참여 그룹이 가족인지, 동료인지 등도 고려할 필요가 있다. 건전하고 원만한 인간관계 속에서 참여자가 원했던 소기의 목적이 달성되도록 도와주는 것이 좋다.

정신 및 신체장애우 등일 때에는 정서적 안정, 스트레스 해소 등 숲 환경이 가지고 있는 회복 효과를 극대화할 수 있도록 프로그램을 운영하도록 한다.

다음의 인성교육 기본 원리는 향후 숲을 통한 인성교육 프로그램을 개발하거나 운영할 때 참고할 만하다.

첫째, 협력의 원리는 가정, 학교, 사회공동체 등 모든 영역의 일상생활 속에서 상호협력적인 관계를 형성하며 체계적으로 인성교육이 실행되어야 한다는 것이다. 둘째, 통합의 원리는 올바른 인성함양은 인지적 영역, 정의적 영역, 행동적 영역이 조화롭게 통합적으로 이루어져야 효과적이라는 것이다. 셋째, 지속성의 원리는 내면화와 습관화가 중요하므로 인성교육이 장기적으로 체계적이며 계획적으로 이루어져야 한다는 원리이다. 넷째, 관계성의 원리는 인간은 사회적 존재로서 건전하고 원만한 인간관계 속에서 신뢰를 바탕으로 인성교육이 이루어져야 효과가 극대화될 수 있다는 원리이다. 다섯째, 자율성의 원리는 인격을 완성시켜 나가는 일은 최종적으로 본인에게 책임이 있으므로 인성교육은 각자가 스스로 올바른 도덕의식을 갖고 실천해나가도록 돕는 과정이 되어야 한다는 것이다. 마지막으로 체험의 원리는 덕목을 스스로 느끼고 실천해 해 볼 수 있는 체험의 기회를 풍부하게 제공해 주어야 한다는 원리이다(조난심 외, 2003).

이러한 인성교육의 기본 원리들을 프로그램을 개발하거나 실행하는 과정에서 충실하게 실현해 나간다면 숲을 통한 인성교육이 시대적 사명을 더욱 효과적으로 감당해 낼 수 있을 것이다.

숲 환경은 심리적 안정, 생리적 안정, 행동의 변화, 면역력 증가 등의 회복 기능을 지니고 있다. 숲체험은 근본적으로 감성이 풍부하고 지혜로우며 올바른 인간으로 자라나게 한다. 숲체험을 포함한 모든 자연 체험은 계속 변화하는 자연환경을 인식하고 이해하고 대응하는 과정에서 인지적, 정의적, 평가적 능력을 발달시킬 수 있는 무수한 기회를 얻는 인간발달의 필수적인 영양소가 된다(생명의숲 숲해설 교재 편찬팀, 2005). 따라서 숲으로 가는 것 자체가 인성교육의 첫걸음이 될 수 있다. 교육자 페스탈로치의 신념에 찬 목소리는 숲에서 인성교육의 길을 찾는 21세기의 우리들에게도 여전히 유효하다.

"아이들을 자연으로 내보내라. 언덕 위와 들에서 아이들을 가르쳐라. 그곳에서 아이들은 더욱 좋은 소리를 들을 것이고, 그때 가진 자유의 느낌은 아이들에게 어려움을 극복할 수 있는 힘을 줄 것이다(중략). 아이들로 하여금 자연이 바로 진정한 교사라는 것과 당신은 그저 자연을 조용히 산보하는 사람에 지나지 않음을 완전히 깨닫게 하라. 아이들이 걸음을 멈추면 바로 그때 새의 지저귐이나 나뭇잎 위의 곤충의 노래를 듣게 될 것이다. 나무와 새와 곤충이 아이들을 가르치게 될 때 당신은 조용히 있도록 하라"

나침반

숲을 통한 인성교육 프로그램

주로 학위논문과 학술지 등에 발표된 숲을 통한 인성교육 프로그램들을 모아보았다. 연구를 통해 검증된 프로그램들이어서 특징, 대상, 효과 등 상황에 맞게 적용해 볼 수 있을 것이다. 구체적인 프로그램 내용은 출처 논문을 찾아보기를 권한다.

1 유아 대상 프로그램

- 대상 : 영아
- 특징 : 노작적 요소 / 옥상텃밭 가꾸기
- 효과 : 영아의 정서지능 향상, 영아의 식습관 개선

회기	단 계	활동목표	활동내용
1	옥상 텃밭 일구기	옥상 텃밭에 퇴비를 주고 땅을 일구어 기름진 토양을 만든다는 것을 안다.	옥상 텃밭에 퇴비를 뿌려요.
2	씨앗을 뿌려요	상추, 쑥갓 씨를 뿌려요.	내가 뿌린 씨앗이 무엇일까
3	여러 가지 모종을 심어요	고추, 가지, 토마토, 배추 모종을 심어 봐요.	내가 심은 모종의 자리를 알고 모종의 성장 과정을 이야기 나누어 본다.
4	싹이 났어요	상추, 쑥갓의 싹을 비교하여 관찰한다.	뿌린 씨앗에서 싹트는 과정을 살펴보고 물도 준다.

5	옥상 텃밭에 물주기	채소에 직접 물을 줌으로써 채소를 아끼고 돌보는 마음을 갖는다.	채소가 자라기 위해 필요한 것을 알 수 있다.
6	옥상 텃밭에서 볼 수 있는 곤충과 식물들	옥상 텃밭에서 볼 수 있는 곤충과 식물들이 햇볕과 수분과 영양이 필요함을 인식한다.	텃밭의 식물과 곤충들의 성장 과정에 꼭 필요한 것들이 무엇인지 알아본다.
7	잡초 뽑기	옥상 텃밭 가꾸기에서 방해요소인 잡초를 안다.	잡초와 작물을 구별하여 알아보고 올바른 잡초 제거법을 안다.
8	지렁이 관찰하기	지렁이의 생김새와 크기를 알 수 있다.	지렁이가 사는 곳이 어디인지 알아본다.
9	솎아주기	상추, 쑥갓을 관찰하고 비좁게 자라는 상추와 쑥갓을 솎아 내는 이유를 안다.	비좁게 자라는 상추, 쑥갓을 솎아보는 경험과 솎아낸 상추와 쑥갓으로 요리활동으로 연계 해본다.
10	벌레잡기	옥상 텃밭에 있는 벌레들을 관찰하고 특성을 알 수 있다.	벌레를 어떻게 잡아야 하는지 방법을 알 수 있다.
11	수확하기	모종을 심어 키운 배추를 뽑아요.	배추를 수확해 크기 비교해 보며 그동안 해 왔던 텃밭 가꾸기를 돌아본다.
12	김장김치 담그기	김장김치 담그는 방법을 알 수 있다.	김장김치를 만들 때 필요한 재료가 무엇인지 알아본다.

- 출처 : 정경옥(2016). 옥상텃밭 가꾸기 활동 프로그램이 영아의 정서지능과 식습관에 미치는 효과. 동아대학교 교육대학원 석사학위논문.

- 대상 : 유아
- 특징 : 상담적 요소 / 정서조절
- 효과 : 정서지능 향상

차시	활동명	활동내용	내용요소
1	내 나무 만들기	나무에 대한 애착을 갖고 돌봐주면서 자신 또한 소중한 존재임을 안다.	자기정서의 인식 및 표현
2	솔방울 던지기	솔방울 던지기 활동을 통해 성취감을 갖고 위축되어 있던 감정을 해소한다.	감정조절 및 충동억제
3	리듬놀이	리듬에 맞게 통나무를 두들겨보면서 예술적 경험을 갖고 자신의 감정을 음악적으로 순화시킨다.	자기정서의 인식 및 표현
4	새먹이 주기	겨울을 통해 땅을 쳐다보고 먹이를 찾아본다. 다른 시각에서 사물을 볼 수 있음을 안다.	타인정서의 인식 및 배려
5	대나무 기차놀이	또래 유아들과 활발한 신체활동을 통해 즐거운 감정을 표현하고 협동성을 기른다.	타인정서의 인식 및 배려
6	조심조심 살살	자신의 감정을 통제하고 공격적인 행동을 억제한다.	감정조절 및 충동억제
7	동물 터널 통과하기	또래 유아와 함께 좁은 터널을 통과해 보며 과잉행동을 조절해 본다.	또래와의 관계
8	자연물 소재놀이	흙이나 자연을 만져보고 자연물을 이용해 자연스럽게 자신의 감정표현을 한다.	자기정서의 인식 및 표현
9	느리게 달리기 놀이	느리게 움직이는 동물을 흉내 내는 활동을 통해 과잉행동을 조절한다.	자기정서의 이용
10	같은 것 찾기	교사가 제시하는 자연물을 정확히 이해하고 자연물을 찾아와 분류할 수 있다.	교사와의 관계

11	숲에 누워 자연 만나기	자연에 누워 정서적 안정을 취하고 또래와의 긍정적인 상호작용 능력을 기른다.	또래와의 관계
12	새소리 듣기	자연에서 새소리를 들으며 정서적 안정을 취하고 집중력을 기른다.	교사와의 관계

• 출처 : 유애정(2014). 숲체험을 통한 생태유아교육 프로그램이 유아의 정서지능에 미치는 영향. 광주여자대학교 교육대학원 석사학위논문.

- 대상 : 유아
- 특징 : 놀이적 요소
- 효과 : 놀이성 및 또래유능성 증진

회기	활동 주제	숲체험 활동전개	효과
1	숲을 만나요	나무와 풀과 인사 숲의 생명체 관찰 숲의 느낌 이야기	숲과 친구되기
2	나의 나무	나의 나무 찾기 나무이름표 만들기 나무 바라보고 삼행시 쓰기	나무와 어울리기
3	꽃과 자연색을 찾아라	꽃의 색깔 다양한 모양 꾸미기 내가 찾은 꽃의 색 표현하기	생태적 지위 한잎 나눠주기
4	나뭇잎으로 꾸며요	자연물 관찰 같은 모양 다른 모양 나뭇잎 퍼즐 맞추기	자연물의 다양성
5	숲의 곤충	귀뚜라미 만나러 가요 귀뚜라미 되어보기 귀뚜라미 관찰하기	생태계의 순환
6	친구 "벌레" 만나기	벌레야 꼭꼭 숨어라 찾았다 벌레 나무곤충 만들기 내 친구 벌레 소개하기	작다고 얕보지 마!!
7	숲의 환경 돌과 흙	땅에는 돌탑쌓기 돌멩이 그림	흙, 모든 생명의 어머니
8	아낌없이 주는 나무	나무 꾸며보기 나무 한그루 만들기 (역할극 : 나무의 일생)	함께 나누어요

9	숲의 열매 도토리	씨열매 소개하기 도토리 게임하기 열매 속에 씨앗이야기 도토리심기	열매 안에 생명이 있다
10	야생화	야생화색 줄기와 잎으로 놀이하기 야생화 꾸미기 꽃이름대기 게임	꽃의 아름다움
11	숲의 보물찾기	숲의 환경 탐색 보물찾기 (열매, 예쁜 돌)	생태계 고마움
12	숲의 나무 소나무	소나무 관찰 솔방울 탐색 소나무의 종류 알기 나의 소나무 소나무와 키재기	숲과 나무의 이로움

• 출처 : 정나연(2014). 숲체험 활동이 유아의 놀이성과 또래유능성에 미치는 효과. 광주교육대학교 교육대학원 석사학위논문

- 대상 : 유아
- 특징 : 놀이적 요소 / 누리과정 연계
- 효과 : 자기조절능력 향상, 자기통제력 향상, 충동성 감소, 주의집중력 향상, 사회적 유능감, 또래관계 기술 향상, 행복감 향상, 사회적 규범 이해, 정서조절

회기	누리과정 영역	놀이명	활동내용	분류
1	신체운동 · 건강 자연탐구	숲속 보물찾기	• 모양판카드, 색깔카드, 제시어 카드를 나눠주고 해당식물이나 자연물을 숲속에서 찾아오기	• 자연관찰 • 분류하기 • 공간탐색
2	의사소통	들리는 소리 알아내기	• 눈을 감고 조용히 귀 기울여서 숲속에서 나는 소리를 듣고 들리는 소리를 흉내 내고 무슨 소리인지 맞춰보기	• 청각으로 자연관찰 • 주의집중 • 표현력
3	자연탐구	색깔 찾기	• 색깔이 다른 자연물들을 찾아와서 얼마나 많은 색깔들로 나누어지는지 구분해보고 같은 색깔의 자연물끼리 모아 무슨 색이 가장 많은지 알아보기	• 주의집중 • 자연관찰 • 보호색알기
4	의사소통	힌트카드 놀이	• 숲속에 사는 동물카드 신체특징이 나오는 부분 카드를 보고 어떤 동물인지 알아맞히기	• 동물의 분류 및 특성 알기
5	예술경험	자연물 이용한 집짓기	• 여러 가지 자연물을 가지고 숲속 곤충들의 집 만들어 주기	• 조작 • 구조화
6	신체운동 · 건강 사회관계	무궁화 꽃이 피었습니다	• 술래는 1명 나머지 유아들은 술래로부터 떨어진 거리에서 술래에게 움직임이 들키지 않게 조심해서 술래 손에 있는 나뭇잎 따서 잡히지 않고 돌아오기	• 대근육활동 • 주의집중

7	신체운동 · 건강 사회관계	진흙놀이	• 비가 온 다음 날 실시하며 비가 오지 않을 경우 물을 준비한 후 흙과 물을 이용하여 진흙길 만들어 걸어보기	• 흙물 그리고 흙과 물이 섞였을 때의 촉감 비교
8	자연탐구	곤충 또는 곤충집 찾기	• 비가 온 후 다양한 곤충이나 지렁이 달팽이 등 누가 3가지 종류의 곤충이나 달팽이류를 먼저 찾아오는지 게임	• 관찰력 • 곤충도감을 이용한 곤충알기
9	예술경험	천연염색하기	• 자연물과 돌 등을 이용하여 손수건에 자연염색하기	• 표현력
10	의사소통 자연탐구	식물퀴즈	• 유아 각자 자신의 등 뒤에 자연물을 매달고 알아맞히는 게임으로 스무고개 형식으로 진행	• 식물특성 파악
11	신체운동 · 건강 예술경험	사진사와 카메라 놀이	• 카메라의 원리에 대해 이해한 후 몸으로 카메라가 되어 본다. 두 명이 팀을 이루어 한 명은 렌즈 한 명은 몸체가 되어 눈으로 숲속의 모습을 촬영하기	• 미학적 자연 이해 • 자연체험 • 협동심과 믿음
12	자연탐구	어디에 숨었을까	• 자연물로 된 보물찾기 놀이로 자연물에 교사가 미리 표시를 한 후 찾아내기	• 주의집중
13	신체운동 · 건강 사회관계	줄놀이	• 나무와 나무 사이를 줄을 이용하여 지그재그로 묶어 줄이 몸에 닿지 않고 줄을 뛰어넘어 달리기	• 신체협응력 • 주의집중력
14	사회관계	뱀이 되어 보자	• 정해진 공간만큼 나무와 나무 사이에 줄을 묶어두고 유아는 한손으로는 줄을 잡고 다른 손은 거울을 콧등에 대고 걸으며 어떤 것들이 보이는지 알아보기	• 감정이입 • 또래관계

15	신체운동 · 건강 예술경험	자연물 되기	• 두 팀으로 나누어서 팀끼리 결정한 자연물 되어 보기로 나무의 각 부분의 명칭이나 기능을 알고 표현해 보는 놀이	• 몸으로 자연 현상 표현 • 협동심 • 자연관찰
16	사회관계	몸으로 동물표현하기	• 한명이 몸으로 동물을 표현하면 다른 유아들이 알아맞히기	• 동물관찰 • 신체표현력 • 인내력 • 주의집중
17	자연탐구 예술경험	나뭇잎 바느질	• 원하는 나뭇잎에 솔잎을 이용하여 바느질 하듯이 엮어서 모자 만들기	• 표현력 • 원리이해 • 자연관찰
18	자연탐구	나의 식물도감	• 숲속교실에 있는 자연물을 이용하여 자신만의 식물도감 만들기	• 자연관찰 • 관찰력 • 식물 특성 알기
19	예술경험 신체운동 · 건강	만다라표현	• 게임을 통해 8개의 팀으로 구분 팀별로 같은 자연물을 이용하여 전체 원을 채워서 만다라 표현하기	• 자연관찰 • 협동
20	의사소통 예술경험	나뭇잎탁본	• 나뭇잎으로 탁본을 떠서 편지지 만들기 • 만든 편지지에 엄마나 선생님께 편지쓰기	• 감성
21	사회관계 자연탐구	애벌레 산책	• 5명이 한 팀이 되어 눈을 가리고 어깨 손을 한 상태에서 애벌레처럼 산책하기 • 정해진 곳을 눈 가리고 다녀온 후 다시 눈 뜬 상태에서 그대로 반복한 후 차이를 비교하기	• 시각이 아닌 다른 감각으로 자연 관찰 • 탐색 • 방향감각 • 협동과 믿음

22	신체운동 · 건강	누가 누가 높이 뛸까요	• 유아들이 도전할 만한 나뭇가지를 정하여 높이 뛰어 나뭇잎에 닿기	• 대근육활동
23	신체운동 · 건강 의사소통 사회관계	숲속 음악대	• 유아들이 숲속 동물이 되어 클래식 사계에 맞추어 돌멩이 자갈이 든 통나무 막대기 등을 이용하여 연주하기	• 협동심 • 인내심 • 대 · 소근육 활동
24	예술경험	나만의 상상의 숲	• 자유롭게 나만의 숲을 그림으로 표현 • 교사는 숲을 이루는 여러 가지 요소 폭포 태양 강 무지개 식물이나 동물 혹은 곤충까지도 설명을 가르쳐 준 다음 그것을 기본으로 숲그림 완성하기	• 자연감상 • 생태계알기

• 출처 : 최수경(2013). 숲에서의 유아놀이 프로그램의 개발과 효과. 영남대학교 대학원. 박사학위논문.

- 대상 : 유아
- 특징 : 노작적 요소 / 원예활동, 지속가능발전교육
- 효과 : 유아의 공존소양 향상, 유아의 자연친화적 태도 증진

회기	활동명	주요 개념	지속가능발전교육에 근거한 원예활동 내용
1	나만의 화분	• 배수를 필요로 하는 화분의 특징을 안다. • 재활용품이 훌륭한 원예자제가 될 수 있음을 안다.	경제적 측면 : 화기 만들기
2	친환경 비료 만들기	• 흙은 동식물이 살아가는데 중요한 자원이다. • 음식물쓰레기를 활용하여 친환경 비료를 만들 수 있다.	생태환경적 측면 : 천연 배양토, 흙의 역할
3	우리 반 미니화단	• 식물이 있는 환경이 우리에게 주는 이로움을 안다. • 역할을 나누어 식물이 자라는 데 알맞은 환경을 찾아 우리 반 미니화단을 만든다.	생태환경적 · 사회문화적 측면 : 화단만들기
4	나의 애완동식물	• 동식물은 우리에게 기쁨을 준다. • 생명을 가진 애완식물을 기르기 위한 책임감을 갖는다.	사회문화적 측면 : 애완식물 기르기
5	다양한 꽃 이름	• 꽃도 다양한 이름과 특징을 가지고 있다. • 씨앗에서 생장하여 다시 씨앗을 거두는 과정을 안다.	생태환경적 측면 : 종의 다양성, 식물생장 순환
6	식물도 느껴요	• 식물도 사람처럼 느낄 수 있음을 안다. • 움직이는 식물과 함께 감정을 공유한다.	사회문화적 측면 : 움직이는 식물
7	다시 자라요	• 뿌리를 활용하여 다시 자랄 수 있는 채소가 있다. • 자른 단면에서 새로운 줄기가 나와 반복 수확을 한다.	경제적 관점 · 생태환경적 측면 : 반복 수확, 수경재배

8	공기를 맑게 해요	• 공기를 정화해주는 기능을 가지고 있는 식물이 있다. • 관엽식물은 여러 종류의 모양, 크기, 색을 가지고 있다.	생태환경적 관점 · 사회문화적 측면 : 관엽식물, 공기정화식물, 꺾꽂이
9	쑥쑥 자라요	• 주변에서 쉽게 구할 수 있는 채소를 길러본다. • 다양한 콩의 성장과정을 알고, 수확의 기쁨을 얻는다.	생태환경적 관점 · 생태환경적 측면 : 수경재배, 콩나물기르기
10	새싹 인형	• 씨앗은 여러 종류가 있으며 성장하며 변화한다. • 새싹의 성장을 이용한 토피어리 인형을 만든다.	생태환경적 측면 : 새싹채소, 수경재배, 토피어리
11	물에 사는 식물	• 흙이 아닌 물에서만 사는 식물이 있음을 안다. • 수생식물의 생식과 생장에 대해 이해한다.	사회문화적 측면 : 수생식물
12	다양한 채소	• 채소는 인간에게 유익한 식물로 여러 음식에 활용된다. • 채소재배로 인한 수확의 기쁨을 갖는다.	경제적 · 생태환경적 측면 : 채소 기르기, 파종, 수확
13	토마토가 좋아	• 식물은 뿌리, 줄기, 잎, 꽃, 열매, 씨로 구성되어 있다. • 열매채소의 씨를 파종하여 식물의 생장과정을 관찰한다.	경제적 · 생태환경적 측면 : 열매채소, 식물의 생장
14	행잉 플랜트	• 줄기가 늘어지는 특징을 가진 식물의 종류를 안다. • 행잉프랜트를 기르기에 알맞은 화기를 만든다.	경제적 · 사회문화적 측면 : 행잉프랜트, 삽목(꺾꽂이)
15	향기가 있어요	• 향을 가진 식물이 있음을 알고, 생장과정을 이해한다. • 허브는 우리 생활에 다양하게 활용된다.	생태환경적 측면 : 허브기르기, 종의 다양성

16	고마운 식물	• 사람에게 이로움과 해로움을 주는 동식물이 있다. • 식물은 우리에게 많은 영향을 준다.	생태환경적 · 사회문화적 측면 : 식충식물, 공기정화식물, 종의 다양성
17	서로 나눠요	• 다육식물의 토양조건과 수분과의 연관성을 안다. • 다육식물의 잎꽂이 방법으로 분갈이를 하여 서로 나눈다.	경제적 · 생태환경적 측면 : 다육식물, 잎꽂이, 분갈이
18	같이 살아요	• 동식물이 살아가려면 반드시 물이 필요하다. • 동물은 식물과 함께 살아가는 공생공존의 관계이다.	생태환경적 · 사회문화적 측면 : 동식물의 공생, 수생식물, 테라리움
19	감사의 꽃다발	• 꽃은 우리에게 심미적 안정감과 기쁨을 준다. • 고마운 마음을 꽃장식을 통하여 전달한다.	사회문화적 측면 : 화훼장식, 꽃꽂이, 드라이플라워, 테라리움
20	누르미 꽃 편지	• 꽃마다 다양한 색을 가지고 있음을 안다. • 오랫동안 보관할 수 있는 방법을 알고, 우리 생활에서 꽃은 다양하게 활용될 수 있음을 안다.	생태환경적, 사회문화적 측면 : 드라이플라워, 압화, 꽃장식

• 출처 : 구혜현(2017). 지속가능발전교육에 근거한 유아 원예활동 프로그램 개발. 한국교원대학교 박사학위 논문.

- 대상 : 유아
- 유형 : 노작적 요소 / 텃밭가꾸기, 동화 읽기
- 효과 : 정서지능 향상, 만족지연능력 향상

회기	주제	내용	적용할 동화
1	텃밭 디자인하기	텃밭 가꾸기에 알맞은 식물에 대한 정보와 텃밭 가꾸기 활동에 관한 자료를 참고로 하여 유아들과 함께 전개해나갈 수 있다. 새로운 활동을 시작하기에 앞서 계획을 세우고 준비하는 경험을 해본다.	또르의 첫인사 –수줍은 또르가 주변의 사람들과 사귀어 가는 과정을 그린 동화이다.
2	배추, 무 씨앗뿌리기	씨앗의 모양을 서로 비교해 보고 씨앗이 자라서 채소가 되는 과정과 시간에 대해서 알아본다.	난 내가 좋아 –어른들의 눈으로는 이해를 하기 어려운 어린아이의 모습을 즐겁고 씩씩하게 살아가는 주인공인 내가 스스로 자부심을 키워가는 이야기이다.
3	내 마음에도 씨앗을 뿌려요	씨앗뿌리기와 연계해서 내 마음에도 감정의 씨앗을 뿌릴 수 있고 그것이 자라났을 때 실제생활에 미치는 영향에 대해서 알아본다.	엄마와 나의 소중한 보물 –추억이 담긴 물건을 모으려는 인호와 깨끗이 정리를 하려는 엄마와의 갈등을 통해 서로의 사랑을 확인해 가는 이야기이다.
4	어떻게 변해갈까요	음식물 쓰레기를 이용하여 친환경비료를 만들고, 미생물의 작용과 자연의 순환에 대해서 알 수 있다.	소피가 화나면 정말 정말 화가 나면 –소피가 화가 났을 때, 화를 풀어가는 모습을 통해서 자신의 화를 조절하는 방법을 익힐 수 있는 내용이다.
5	우리가 키웠어요	자연의 변화를 보면서 경이감과 스스로 키워낸 것들을 보면서 자기 효능감을 키울 수 있다. 씨앗으로 심었던 채소들이 자라남에 따라 적당한 간격으로 솎아 준다.	무엇이든 삼켜버리는 마법상자 –동생 때문에 엄마에게 야단을 맞고 학교에서는 선생님께 혼나고 자신을 화나게 하는 모든 것을 집어삼키는

			마술 상자와 모든 것이 사라졌을 때, 다시 자신이 가졌던 소중한 것들의 의미를 알 수 있게 하는 이야기이다.
6	지렁이는 땅을 거름지게 만들어요.	지렁이의 일생, 지렁이가 좋아하는 환경, 먹이 등에 대해서 알고, 지렁이상자를 꾸며 본다. 유기순환에 대해서 생각해 본다.	괜찮아 넌 할 수 있어 –실수를 하고 자신감이 없는 토끼 데이지가 엄마의 지지와 격려로 새로운 것들을 배워나가면서 자신감을 얻어가는 이야기이다.
7	텃밭 주변 둘러보기	텃밭의 주변에 살고 있는 곤충들과 야생의 풀과 꽃들을 관찰해 본다. 곤충과 채소의 입장이 되어 서로의 느낌을 표현해 본다. 계절의 변화를 관찰하고 언어로 표현할 수 있다.	친구가 올까 –자신의 생일 날짜를 잘못 알고 친구를 기다리다가 실망하는 늑대와 정확한 날짜에 찾아와 친구를 위로해주는 여우와의 우정을 그린이야기이다.
8	병충해 예방하기	피해를 주는 곤충에 대해서 알아보고 천적을 이용한 농사에 대해서도 안다. 친환경적인 예방방법에 대해서 알아보고 만들어 놓았던 칼슘액비를 뿌린다.	날개를 기다리며 –나비의 알이 날개를 기다리면서 성장해 가는 과정을 그린 이야기이다.
9	'나는 꼬마농부' 동시 짓기	그동안 텃밭을 가꿔 오면서 느낀 점에 대해서 서로 나누고, 그 느낌으로 동시 짓기를 해본다.	줄줄이 꿴 호랑이 –게으름뱅이 주인공이 지혜로써 호랑이를 많이 잡아서 부자가 되는 이야기 그 과정에서거름과 퇴비의 역할과 효과를 통해 자연의 순환을 배울 수 있다.
10	수확하기	무와 배추, 쪽파를 수확하고 비교해본다. 그동안 해 왔던 텃밭 가꾸기를 돌아본다. 수확한 배추를 이용하여 겉절이를 만들어 식사시간에 먹는다.	두 마리의 염소 –외나무다리 위에서 두 마리의 염소가 서로양보를 하지 않아서 생기는 이야기이다.

• 출처 : 임영실(2013). 텃밭 가꾸기 활동이 유아의 정서지능과 만족지연능력에 미치는 영향. 한양사이버대학교 휴먼서비스대학원 석사학위논문.

- 대상 : 유아
- 특징 : 예술적 요소 / 미술
- 효과 : 미술표현력 향상, 창의성 향성

월	생활주제	미술활동 주제
3	즐거운 어린이집	숲과의 만남 소리 · 색 · 형태 · 탐색하기 숲에서 구성한 점 · 선 · 면
4	봄과 동식물	자연물 파레트 들풀 액자 만들기 곤충을 자연물로 표현하기 들꽃 목걸이 만들기
5	소중한 가족	사진사와 카메라 나무는 내 친구 나뭇잎 연상하여 그리기 침엽수로 만든 빗자루 그림
6	우리 동네	우리 동네 공동작품 숲 속 마을 옷 가게 솔방울로 우리 동네 구성하기 곤충 모습 찾고 표현하기
7	신나는 여름	들풀로 탁본 구성하기 흙으로 여름 곤충그리기 흙 위에 물로 그림그리기 싸인펜으로 빗물 표현하기
8	교통과 안전	나뭇잎으로 배 만들기 나뭇가지로 교통길 만들기 자연물로 자동차 바퀴 디자인 미래의 교통수단 표현하기
9	세계 속의 우리나라	들풀로 독도 지도 구성하기 우리나라 탑 구성하기 자연물 모빌 만들기 자연물로 인디언 모자 꾸미기 내가 디자인 한 올림픽 메달

10	가을과 자연	알록달록 나뭇잎 모자이크 가을 동산 구성하기 가을 열매 마라카스 만들기 낙엽으로 가을 곤충 꾸미기
11	지구와 환경	아름다운 지구 구성하기 나뭇잎으로 만다라 표현하기 숲 속 화석 만들기 '지구를 지켜요' 캠페인 피켓 만들기
12	겨울과 놀이	솔방울로 트리 만들기 눈 위에 그림 그리기 나무에 겨울 옷 만들기 동물들의 겨울 집 꾸미기

- 출처 : 안명숙(2014). 숲에서의 놀이를 통한 유아 미술활동 프로그램 개발 및 효과. 인천대학교 대학원 박사학위 논문.

- 대상 : 유아
- 특징 : 복합적 요소(놀이적 요소, 예술적 요소, 상담적 요소) / 누리과정 연계
- 효과 : 인성덕목 향상, 정서조절능력 향상

월	주제	회기	활동명과 활동개요	인성교육 덕목	누리과정 생활주제
3	숲교실로의 초대	1	신기한 숲 놀이터와 숲 친구들(관찰, 자유놀이) -처음 만난 숲친구(새싹, 겨울눈, 낙엽)를 소중히 여기며 즐겁게 놀이하고 친구들과 느낌을 나누며 소통하기	예절, 소통	유치원/어린이집과 친구
		2	자연의 소리를 찾아요(음악) -숲의 다양한 소리를 찾아 감상하며, 우리도 숲에게 노래선물 해주기	소통, 존중	
		3	점프선수 개구리(관찰, 게임) -점프선수 개구리 게임을 통해 협동을 배우며, 모든 생명은 장점이 있음을 알기	존중, 협동	
4	생명의 숲	4	둥지속의 엄마 새와 아기 새(미술, 게임) -둥지 협동작품, 아기 새를 돌보는 엄마 새의 역할을 게임하며 효의 마음을 가지기	배려, 효, 협동	봄과 동식물
		5	숲 청소와 초록 보물찾기(관찰, 자유놀이) -숲에서 낙엽청소를 하며 새싹을 찾아보고 소중히 여기는 마음 갖기	존중, 배려	
		6	썩은 나무 속 곤충 찾기(관찰, 음악) -썩은 나무의 곤충을 관찰하고 상생하는 모습을 솜사탕 노래에 개사하여 불러보기	협동, 정직	
		7	들꽃들의 작은 세상(관찰, 게임) -예쁜 색으로 곤충을 유인하는 들꽃의 지혜를 존중하며 색상환 게임을 정직하게 해보기	존중, 책임	

5	사랑의 숲	8	꽃과 곤충의 사랑(관찰, 게임) -꽃과 곤충의 공생관계를 게임을 통해 경험하며 우애와 책임의식을 기르기	효, 책임	나와 가족
		9	애벌레를 찾아라(동화, 언어활동) -'배고픈 애벌레' 동화 감상 후 애벌레가 되어 나무에게 감사 편지 써보기	존중, 배려	
		10	쇠똥구리의 사랑(스토리텔링, 역할놀이) -숲을 청소하고 사랑으로 알을 키우는 쇠똥구리 동화를 듣고, 흙/물/자연물로 쇠똥구리 똥을 만들어 역할놀이하며 효의 마음 갖기	배려, 효	
		11	나무 하나에 사는 숲 가족(동화, 미술) -동화감상 후, 나무에 사는 동식물을 찾고 찰흙으로 만들어 함께 감상하기	배려, 협동	
6	성장의 숲	12	아름다운 벚나무(관찰, 자유놀이) -벚나무의 꽃, 잎, 열매로 자유롭게 놀이하며, 아낌없이 주는 벚나무에게 감사하기	배려, 정직	우리 동네
		13	돌멩이 보물찾기(관찰, 게임) -큰 바위가 작은 돌멩이가 되는 과정 이해, 다양한 돌멩이를 관찰하며 존중과 겸손 배우기	예절, 존중	
		14	서로 돕는 개미와 진딧물(스토리텔링, 게임) -개미, 진딧물, 무당벌레 동화감상 후 공생피구 게임을 통해 협동심 기르기	협동	
		15	나뭇잎아 힘내(게임, 자유놀이) -나뭇잎이 밥과 공기를 만들고 있음을 광합성 게임을 통해 이해하며 존중하기	존중, 소통	
7	어울림	16	어울림 숲의 탁본(관찰, 미술)	존중,	여름과

	의 숲		-다양한 나뭇잎을 관찰하고, 탁본해보며 서로 다른 것들의 조화와 소통을 경험하기	소통	건강
		17	꽃가루를 나르는 나비 (관찰, 게임) -협동하여 게임하면서 나비역할을 경험하고 책임의 중요성을 느끼기	책임, 협동	
		18	물길과 밥길(게임, 동화) -식물의 물길과 밥길을 관찰하고 비눗물을 묻혀 불어보며 각자의 역할의 다름을 알고 존중하기	책임, 존중	
		19	매미의 한살이(동화, 극놀이) -'맴맴 매미의 한 살이' 동화 듣고 극놀이하며 매미의 한 살이를 통해 존중/책임 배우기	존중, 책임	
8	배려의 숲	20	숲의 청소부 버섯(관찰, 언어활동) -버섯의 역할을 이야기 나누고 숲에서 버섯을 찾아 도감을 만들며 소통/소통 배우기	협동, 소통	
		21	흙 속의 보물 지렁이(관찰, 음악) -지렁이를 관찰하고 땅을 비옥하게 하는 고마운 지렁이 노래를 개사하여 불러보기	책임, 소통	
		22	숲 속의 수생 곤충(관찰, 미술) -물속의 곤충 찾아 놀이하며, 곤충과 물의 공생을 이야기하고 물속 곤충아지트 만들기	존중, 책임	
		23	거미줄 만들기(관찰, 게임) -거미와 거미줄 관찰 후, 밧줄로 협동하여 거미줄 만들고 규칙을 지키며 놀이하기	협동, 정직	
9	나눔의 숲	24	잠자리의 먹이사냥(관찰, 게임) -해충을 없애주는 고마운 곤충인 잠자리의 역할에 고마움을 느끼며 협동하여 게임하기	협동, 책임	우리나라/세계 여러 나라

<table>
<tr><td rowspan="3"></td><td rowspan="3"></td><td>25</td><td>우리 숲을 지키는 도토리나무 육형제(언어활동, 자유놀이)
-참나무의 육현제 스토리텔링으로 듣고, 도토리열매로 자유롭게 놀이하기</td><td>효(우애), 존중</td><td rowspan="3"></td></tr>
<tr><td>26</td><td>흙은 자연의 부모님(동화, 자유놀이)
-숲에서 다양한 흙을 찾아 탐색하며 모든 생명의 기초가 되는 흙에 고마움 느끼기</td><td>효</td></tr>
<tr><td>27</td><td>질경이의 지혜 (관찰, 미술)
-길가의 질경이의 강인함과 겸손을 이야기하며 질경이지도를 만들어보기</td><td>예절, 존중</td></tr>
<tr><td rowspan="4">10</td><td rowspan="4">결실의 숲</td><td>28</td><td>청서 할아버지의 약속(동화, 게임)
-참나무와 다람쥐의 공생을 이해하고(동화) 협동하여 도토리숨기기 게임하기</td><td>효, 협동</td><td rowspan="4">가을</td></tr>
<tr><td>29</td><td>열매로 차린 나무의 생일잔치(스토리텔링, 역할놀이)
-새와 열매 스토리텔링 듣고, 새가 되어 나무의 생일잔치놀이하기</td><td>협동, 존중</td></tr>
<tr><td>30</td><td>씨앗이 날아가요(신체표현, 자유놀이)
-씨앗의 번식방법을 신체로 표현해보며 부모 들풀의 마음 이해하기</td><td>효, 책임</td></tr>
<tr><td>31</td><td>가을 숲 파레트(관찰, 미술)
-가을 단풍으로 파레트를 만들며, 가을이 되면 어김없이 물드는 나무의 지혜를 경험하기</td><td>정직, 배려</td></tr>
<tr><td rowspan="2">11</td><td rowspan="2">지혜의 숲</td><td>32</td><td>인성카드를 찾아라(관찰, 게임)
-숲에서 인성카드를 숨기고 찾는 팀별 미션활동을 통해 협동/소통 기르기</td><td>협동, 소통</td><td rowspan="2">환경과 생활</td></tr>
<tr><td>33</td><td>낙엽 만다라(미술)
-낙엽의 아름다움을 감상하며 협동/소통하여 협동작품 만들기</td><td>예절, 소통, 협동</td></tr>
</table>

		34	숲 속 동물 전시회(관찰, 미술) -다양한 나뭇잎 동물 만들고 전시하며 소통하고 존중하기	소통, 존중	
		35	흙을 만드는 생물(관찰, 게임) -흙속 작은 생물이 되어 나뭇잎을 잘라보며 친구들과 협동하여 게임하기	존중, 협동	
12	힐링의 숲	36	숲 속 곤충집 지어주기(관찰, 미술) -각자의 방법으로 겨울을 나는 숲속곤충의 집을 협동하여 지어주며 배려심 갖기	협동, 배려	겨울
		37	누구의 발자국일까 (동화, 관찰) -'누구의 발자국일까' 동화감상 후, 눈 위에 발자국 찍어보며 먹이 놓아주기	존중, 배려	
		38	함께 즐기는 숲속 크리스마스(목공활동) -자연물로 협동하여 크리스마스트리 만들고 숲에게 감사편지 읽어주기	배려, 협동	
		39	보석보다 아름다운 눈 결정체(관찰, 자유놀이) -루페로 눈 관찰하며 자유롭게 놀이하며 각자 아름다움을 존중하기	소통, 존중	
		40 ~ 44	빗방울이 그렸어요 (배려, 소통), 비 오는 숲 느끼기 (책임, 배려), 빗물을 모아요 (협동), 단풍잎 꼴라주 (소통, 협동), 비오는 날 누구를 만날까? (배려, 소통)		사계절/ 우천 시 대체활동

- 출처 : 신지연 · 이신영(2017). 유아 산림인성교육 프로그램 개발 및 효과. 유아교육학논집 21(1). 581-607.

2 어린이 대상 프로그램

- 대상 : 초등학생 (통합학급)
- 특징 : 놀이적 요소
- 효과 : 또래관계 개선

차시	활동주제	활동내용
1	숲으로 들어가요	숲과 건지산 이야기 자연을 이용한 자기소개하기
2	친구와 숲에서 놀아요	내 친구를 소개합니다 나무에 이름표 달기
3		나뭇가지 젓가락 놀이 곤충서식처 및 산란장소 만들기
4		악기에 대한 이야기 숲속음악회
5		도토리에 대해 알아보기 도토리를 굴려라! 놀이
6	친구와 숲을 배워요	건지산에 있는 식물 관찰하기 '뽀리뱅이의 겨울나기' 놀이
7		건지산에 있는 동물 관찰하기 '곤충은 왜 작아졌을까' 놀이
8	숲 속에서 꾸며요	여러 가지 숲속재료 모으기 숲속재료로 밥상꾸미기
9		숲속 재료에 대한 이야기 숲속재료로 얼굴 꾸미기
10		친구와 나뭇잎에 대한 이야기 나뭇잎 목걸이 만들기
11		숲속 동·식물에 대한 이야기 숲속 재료로 동 식물 꾸미기

12	숲은 소중해요	숲에서 활동한 영상보기 숲 사진 전시회 관람하기
1박 2일 조직캠프	숲 속 밤 이야기	1일-저녁식사 및 설거지 외나무다리 건너기 / 숲속 밤길 걷기 활동 간식 먹기, 소원 빌기, 잠자기 전 준비 2일-아침식사 및 설거지, 체조 활동소감문 작성하기

- 출처 : 왕현정(2016). 숲체험 환경교육 프로그램에 참여한 초등 통합학급 학습자의 또래관계 변화에 관한 질적 연구. 한국교원대학교 교육대학원 석사학위 논문.

- 대상 : 초등학생
- 유형 : 노작적 요소 / 텃밭활동
- 효과 : 자아존중감 향상, 또래관계 및 또래지위 향상, 사회성 향상

회기	활동명	활동목표	활동내용	모둠 활동지
1	시작! 텃밭 첫걸음	모둠별 소속감을 형성하고, 나를 이해하고 표현하는 애칭을 짓는다.	텃밭에 퇴비를 뿌리며 밭을 간다. 개인 애칭과 모둠 애칭을 정한다.	-텃밭 활동에 임하는 나의 다짐 -모둠원 애칭 정하기
2	한걸음씩 차근차근	텃밭을 함께 일구며, 생각을 공유하고 성취감을 느낀다.	두둑을 만들고, 비닐 피복을 한다. 감자와 강낭콩을 심는다.	-텃밭 설계도 그리기 -모둠원 애칭 기억하기
3	희망심기	서로를 배려하고, 수확을 기다린다. 소속감과 친밀감을 높인다.	씨앗 파종을 한다. 모둠 표찰을 만든다.	-우리 모둠이 해낸 일 적기 -모둠원의 역할 적기
4	다같이 힘을 합쳐	모둠원이 함께 계획하고 힘을 합쳐 모종을 심고, 친밀감을 높인다.	잎채소 모종을 심는다. 텃밭에 물을 준다.	-모둠원이 내게 했던 기분 좋은 말 떠올리기
5	텃밭 마음 내 마음	나와 모둠의 필요를 돌아보는 시간을 갖는다.	천연농약과 천연비료를 만든다.	-나에게 필요한 비료는? 농약은
6	지금 텃밭에 필요한 건	모둠원의 장점을 표현한다.	밭에 천연약과 천연비료를 준다. 텃밭에 물을 준다.	-텃밭 활동을 하면서 알게 된 모둠원의 장점은
7	아니 벌써	첫 수확의 기쁨과 성취감을 누린다. 텃밭을 관리하며 기분을 정화시킨다.	첫 수확과 솎아주기를 한다. 새싹채소를 파종한다.	-나에게서 무럭무럭 자랐으면 하는 점은 -뽑아 버리고 싶은 잡초 같은 점은

8	바로 이 맛이지	수확과 활용의 즐거움을 만끽한다.	밭에서 솎아주기를 한다. 샌드위치를 만들어 먹는다.	-우리 모둠의 샌드위치 맛을 표현해보기
9	수확의 기쁨, 새로운 시작	잎채소를 수확하며 성취감을 느낀다. 희망을 품는다.	잎채소를 모두 수확한다. 수확한 두둑에 꽃씨를 뿌린다.	-우리 모둠이 심은 꽃 이름으로 삼행시 짓기 -우리 모둠을 꽃으로 표현해보기
10	우리가 해냈어	성취감을 느낀다. 모둠원 간의 화합을 다진다.	감자를 수확하고 텃밭을 정리한다. 텃밭활동을 정리하며 개인 화분을 만든다.	-함께 한 모둠원에게 한마디 -느낀 점, 아쉬운 점, 좋았던 점 적기

- 출처 : 김성실(2013). 초등학생의 또래관계 및 또래지위 향상을 위한 학교 텃밭활동 프로그램. 건국대학교 농축대학원 석사학위논문.

- 대상 : 가정폭력 및 위기 가정 아동
- 특징 : 상담적 요소, 예술적 요소 / 미술치료, 집단상담
- 효과 : 사회성 증진, 행동정서

단계	회기	주제	활동내용
사전준비	1	사전 검사 숲속 탐색	- 검사지 및 설문지 작성 - 인원 체크 후 활동 장소로 이동하여 탐색 해보기 - 다음 회기에 대한 준비 및 주의 사항 전달
집단적응기	2	나를 닮은 동물	- 숲 속에 사는 자신과 닮은 동물이나 곤충 그려보기 - 그린 그림의 주인은 비밀로 하고 질문을 작성하고 그림 주인은 답을 적기 - 그린 동물이나 곤충이 사는 배경 그리기
	3	자연물 만다라	- 각 개인에게 색깔 종이 미션을 준다. - 주변 경관을 보고 자신의 미션 색깔과 같은 관찰을 하게 해본다. - 미션 수행의 결과물들로 집단 만다라를 만들어 본다.
	4	내가 찾은 곤충들	- 주변을 돌아보고 살아있는 곤충들 찾아보기 - 곤충을 관찰하고 관찰통으로 관찰하기 - 곤충을 그림으로 표현해보고 각 특징을 찾아 보기
	5	나를 닮은 나무	- 나를 닮은 나무를 찾아 나무 이름 명명해주기 - 찰흙으로 얼굴 및 특징을 표현해보기 - 각 친구들의 장점을 찾아보고 서로에게 느낌을 말해주기
집단경험기	6	내가 살고 싶은 집	- 내가 살고 싶은 집은 어떤 집인지 생각해보기 - 내가 살고 싶은 지을 자연물로 표현해보기 - 내가 살고 싶은 집을 자연물을 수집하여 표현해보기
	7	옛날에는 어떤 집을 지었을까	- 현재의 집의 재료에 대해 생각해보기 - 옛날의 집들은 어떤 재료로 만들었을지 상상해보기 - 숲에서의 자연물로 지을 수 있는 집을 모색해보고 체험해보기
	8	돌멩이 가족	- 미션으로 자연물의 1가지인 돌멩이를 자기 가족 수만큼 수집해보기

			- 돌맹이의 생김새와 가족 구성원의 특징을 기억하기 - 돌맹이에 나의 가족들을 표현해보기
	9	아지트 만들기	- 우리가 활동하는 장소에 서로의 약속을 더하여 공간 만들기에 도전해보기 - 나무를 엮어 간단한 인디언 텐트를 만들어보기
	10	놀이터 만들기	- 숲에서 우리들이 할 수 있는 것들을 생각해보기 - 놀 수 있는 놀이들을 생각해보고 의견 조율하기 - 자연물로 만들 수 있는 놀이감을 만들어 보기
	11	안대체험	- 3명씩 그룹을 이루고 안대 체험 할 사람 정하기 - 각 그룹의 2명은 안대한 친구의 길 안내를 돕기 - 각 체험자들의 고충과 느낌을 서로 공유하기
집단활동기	12	물총 그림	- 큰 천으로 파도체험 해보기 - 물총에 마음에 드는 색을 담고 큰 천에 물총쏘기 - 친구들의 표현을 기다려 보기도 하며 집단작품을 완성해보기
	13	박스집 만들기	- 무지 박스를 재단하고 달팽이집처럼 만들어보기 - 내가 살고 싶은 집으로 외관을 꾸며 보기 - 각자 만든 집에 친구들을 초대하고 작품을 감상하기
	14	개미집 만들기	- 개미의 생김새, 특성 등등에 대해 알아보기 - 개미집의 생김새도 알아보고 직접 개미집을 만들어 보기 - 개미집의 만든 방에서 자신이 편히 쉴 곳을 정하고 그 이유를 설명해보기
	15	미션 수행 스탬프	- 숲에서의 활동에 대한 미션 5가지를 숙지하기 - 미션 5가지에 대해 수행하고 도장을 직어 완성하기 - 자신이 한 체험에 대해 서로 느낌 나누기
	16	나뭇잎 그림	- 숲에서의 주변 경관들을 보고 나뭇잎의 특징을 관찰해보기 - 나뭇잎을 수집하여 나뭇잎으로 표현할 수 있는 것들을 생각해보기 - 자신이 표현한 그림들을 서로 감상하고 발표해보기
	17	거미집 만들기	- 숲에 사는 곤충들 중에 집을 만들어 사는 거미를 관찰해보기 - 거미집을 집단원 전원이같이 만들어 보기 - 거미의 특성을 이용하여 거미 술래 놀이 체험하기

집단성장기	18	멸종위기 그림 퍼즐	- 숲에 사는 멸종위기의 동물들을 알아보기 - 캔버스에 멸종 위기 동물들을 그려보기 - 각 그림의 퍼즐을 집단으로 맞춰보기
	19	인디언 텐트집	- 세계의 각 집을 알아보기 - 숲에서의 최소의 재료로 인디언들의 집을 지어보기 - 집의 장점을 알아보고 집의 중요성을 토론해보기
	20	텐트집 외관꾸미기	- 천으로 만든 텐트의 외벽을 물감으로 그려보기 - 외관 벽을 그림으로 꾸며보고 집단활동 유도하기 - 각 집의 그림 표현들을 발표해보기
	21	새집 짓기	- 숲에서 흔히 볼 수 있는 새들의 특징을 알아보기 - 새집에는 어떠한 기능이 있고 어떠한 목적으로 집을 짓는지 알아보기 - 새집을 직접 지어보기
	22	사진 연상	- 현장의 사진들의 위치를 찾아보고 어디쯤인지 알아보기 - 사진을 종이에 붙이고 연상 그림 그리기. - 각자 자기 그림을 발표해 보고 어느 위치인지 설명하기
집단마무리	23	계란판 반죽	- 숲에서 얻을 수 있는 일상생활에서의 물건들을 생각해보기 - 나무에서 얻을 수 있는 종이로 생산된 것 알아보고 재생산해보기 - 계란판을 다시 반죽하여 자신의 작품 만들기
	24	사후 검사	- 검사지 및 설문지를 작성하기 - 숲 활동에 대한 기억에 남는 활동을 이야기 해보기

- 출처 : (사)숲과 아이들(2016). 가정 폭력 및 위기 가정 아동의 사회성 증진을 위한 숲에서의 집단미술치료 - 숲공간을 활용한 미술집단 프로그램이 아동 행동정서에 미치는 영향을 중심으로- 한국산림복지진흥원 녹색자금 지원사업 보고서.

3 청소년 대상 프로그램

- 대상 : 중학생 (집단따돌림 학생)
- 특징 : 상담적 요소
- 효과 : 정신건강 증진, 학습전략 신장

단계	숲 치유 주제(집단 따돌림)	소주제	이론적 근거	치유적 개입원리
1	숲과 소통하기	• 숲과 마음열기 • 숲과 소통하기	바이오필리아(생명애)	자연의 숲속에는 무궁무진한 에너지와 비밀이 간직된 신비의 장소이다.
2	스트레스 해소	• 숲속 운동회 • 도레미파솔라시도-자연의 소리	PET(Phycho-evolutionary Theory), 스트레스 회복	숲 놀이를 통해 신나게 놀면서 스트레스를 해소, 함께함의 연대감을 이해한다.
3	정서 조절	• 숲느끼기- 숲속 거닐며 이야기 • 숲속에서의 물의 흐름 • 삶을 그리는 나이테 • 맨발로 숲 길 걷기	주의력회복이론(Attention restoration theory)	숲이 주는 이완감, 편안함, 쾌적감, 공감능력, 연대감의 형성
4	관계능력 복구	• 밧줄 따라 숲체험하기 • 자연물로 친구 액자 만들기 • 이 숲에 살고 있는 것들은 • 내 마음에 드는 나무	전망-도피(조망-은신)이론, 장소친밀감이론	숲 속에서 여러 가지 생물들이 함께 생활하고 있다는 사실을 알게 한다.
5	문제해결 능력 함양	• 숲속 바벰바-장점과 칭찬 샤워 • 숲속 숨바꼭질 • 지금 숲에서 일어나고 있는 것	자기결정이론(Self-determination theory)	나무의 스트레스 흔적들을 찾아보고 그 결과를 통해 숲의 생태적 위치와 심각성을 일깨워 문제해결놀이를 통해 해결

6	자기통합 감의 회복	• 거울로 숲 바라보기 • 소중한 나 알아차리기 • 얼마나 많은 식물이 있을까	융 분석심리학 (집단무의식), 정신분석적 집단치료	평소에 무심코 바라보던 숲과 존재의 중요성을 통합적 관점에서 본다.
7	자기재조 직화	• 내 나무 찾기 • 숲 멘토 미팅	회복모델 (Recovery model), 식물과의 공명이론	숲에서 시각을 제외한 모든 감각을 발달시키는 훈련을 한다.
8	자기존중 감의 증진	• 숲에서 나를 찾다 • 삼림욕의 지형요법	인본주의 심리학, 로고 테라피, 건강생성이론	숲의 지혜를 통해 나의 문제나 나의 자존감을 생각해보는 계기 제공
9	더 큰 세상 속으로!	• 새총으로 미래를 향해 쏘다 • 나무와 관련된 일들	일과 일자리(진로) (Work and employment)	자아를 탐색하고 미래 진로를 설계하며, 나무와 관련한 여러 가지 직업들을 이해하고, 그 실제를 고찰해 본다.
10	나는 나!	• 에코엔티어링–숲속 나침판 • 생태계의 순환과 나 • 그 동안 즐거웠어!	자기효능감, 자신감(Self-efficacy) / 몰입 이론	숲속에서 나침반과 지도를 가지고 목적지를 찾아다니며 과제(미션)을 수행한다. 치유과정의 치유여행과 자기 자신이 되어가는 과정을 반추하고 정리한다. 생태계의 순환을 이해하고 내 삶의 좌표를 찾는다.

• 출처 : 김재근 · 김동준(2016). 집단따돌림 학생의 정신건강과 학습전략 신장을 위한 숲 치유 프로그램의 효과 검증. 청소년학연구 23(5). 479-503.

- 대상 : 청소년 (인터넷 중독)
- 특징 : 상담적 요소 / 명상
- 효과 : 인터넷 중독 점수 완화, 자기통제력 향상, 자기효능감 증진

회기	주제	목표	내용
1	숲은 내 가슴에	- 상호 친밀감과 신뢰감 형성 - 자신을 포함한 주변 사물의 소중함 알기	- 10분 명상으로 심신 안정 찾기 - 애칭 짓기(숲 관련) - 사물과의 대화 나누고 발표하기 - 인터넷 사용패턴 나누기 - 10분 명상으로 프로그램 돌아보기
2	나의 아바타 나의 나무	- 자신의 강점과 보완할 점 탐색 - 숲 오감 체험으로 정서적 안녕감 도모	- 10분 명상으로 심신 안정 찾기 - 자신의 나무 하나 선정하기 - 자신의 나무와 강점, 특성 연계하기 - 묵언 숲 산책 후 체험 나누기 - 인터넷 사용패턴 나누기 - 10분 명상으로 프로그램 돌아보기
3	내 안의 긍정적인 나	- 인내심과 호연지기 배양 - 성취경험으로 자기효능감 증대	- 10분 명상으로 심신 안정 찾기 - 계곡기행으로 인내심, 호연지기 키우기 - 돌탑 쌓기로 협동심, 자신감, 배려정신 키우기 - 인터넷사용패턴 나누기 - 10분 명상으로 프로그램 돌아보기
4	협동의 한마당	- 협동심과 창의력, 대인관계 능력 배양 - 다양한 놀이 경험과 협동·배려·의사결정력 증진	- 10분 명상으로 심신안정 찾기 - 자연물 이용한 모빌 만들기 - 자연물 이용한 현장 체육활동 - 인터넷 사용패턴 나누기 - 10분 명상으로 프로그램 돌아보기

5	미래의 자화상	- 부정적 감정과 스트레스 해소 및 불안감 감소, 포용적 태도 - 자성예언으로 삶의 목표 내면화	- 10분 명상으로 심신 안정 찾기 - 낙엽가면 만들고 역할극 하기 - 자성 예언으로 신념굳히기 - 인터넷 사용패턴 나누기 - 10분 명상으로 프로그램 돌아보기
6	숲스토리텔링	- 경청과 의사소통 능력 배양 - 정서적 안녕 및 타인 존중의식 배양 - 창의·융통성과 사고의 폭 넓힘	- 10분 명상으로 심신 안정 찾기 - 자연물 활용 의사소통 능력배양 - 숲 속 나도 작가(정서·감성 표현력 키우기) - 인터넷 사용패턴 나누기 - 10분 명상으로 프로그램 돌아보기
7	오름 정상에 서다	- 호연지기와 할 수 있다는 자신감 배양 - 화해와 용서로 마음의 정화	- 10분 명상으로 심신 안정 찾기 - 오름 오르기로 호연지기 및 인내력 배양 - 화해의 언덕으로 분노감정 조절 - 인터넷 사용패턴 나누기 - 10분 명상으로 프로그램 돌아보기
8	숲에서의 나의 재발견	- 미래의 걸림돌 스스로 던지기 - 삶의 나침판 다시 보면서 현실 직시하기	- 10분 명상으로 심신 안정 찾기 - 테마가 있는 숲 산책으로 내면 탐색 - 내속의 나와의 약속(생애방패 작성) - 인터넷 사용 결심발표 - 느낌 소감문 쓰고 척도 검사하기 - 10분 명상으로 새 마음 다지기

- 출처 : 오창홍(2016). 인터넷 중독 청소년을 위한 숲체험 프로그램의 개발과 효과. 제주대학교 대학원 박사학위 논문.

4 가족 대상 프로그램

- 대상 : 장애아동가족
- 특징 : 예술적 요소 / 음악
- 효과 : 신뢰감 형성, 긴장이완 및 긍정적인 관계 향상

회기	활동주제	활동내용
1	숲속친구들아 ~안녕	- 숲친구 만나러 가기(개구리알 만나기, 나무 만나기: 나무 안아보기, 루페로 나무 관찰하기)
2	새싹이 났어요	- 개구리알 만나기, 개미친구 만나기, 나무 만나기, 루페로 나무와 새싹 관찰하기 (음악: 싹트네, 즐겁게 춤을 추다가, 개구리와 올챙이)
3	나무와 꽃 심기	- 화분에 장미꽃과 양란 심기 (음악: 사과 같은 내 얼굴) - 편백나무 심기 (음악: 숲속친구, 즐겁게 춤을 추다가)
4	봄에 만나는 반가운 친구들1	- 봄꽃 관찰하기 - 나무로 웅덩이치기(음악: 옹달샘) - 점토 목걸이와 열쇠고리 만들기
5	봄에 만나는 반가운 친구들2	- 지끈으로 연필꽂이 만들기 - 개구리알 만나기, 개미친구만나기(음악: 개구리와 올챙이) - 돌탑 쌓기(음악: 바윗돌 깨뜨려) - 제비꽃 반지 만들기
6	봄에 만나는 반가운 친구들3	- 나무피리 만들기 - 개구리알 만나기, 개미친구 만나기(음악: 개구리와 올챙이) - 나뭇잎으로 배 만들어 띄우기(음악: 은하수) - 하늘숲 바라보기
7	부들로 비눗방울 불기 & 나무 열쇠 고리 만들기	- 올챙이와 다람쥐 관찰하기(음악: 올챙이와 개구리, 산골짝의 다람쥐) - 부들로 비눗방울 불기(음악: 솜사탕) - 나무 열쇠고리 만들기 & 고리던지기

8	천연염색을 이용한 나뭇가지 만들기	- 나무꾼의 나뭇잎 도깨비 이야기를 들으며 나뭇잎으로 도깨비 가면 만들기 - 모자 안에 솔방울을 던지기 - 천연염색을 이용한 나뭇가지 만들기(음악: 솜사탕)
9	천연염색으로 수건 물들이기	- 거울로 본 숲 관찰하기 - 자연물로 만든 쉐이커 연주하기(음악: 그대로 멈춰라) - 천연염색하기
10	곤충친구 & 자연물로 만들기	- 인형으로 완전 탈바꿈한 나비에 대하여 알아보기(음악: 나비야) - 애벌레 구연동화 듣고 몸으로 애벌레 표현하기(음악: 지렁이송) - 곤충 알아보기(음악: 곤충송) - 메타세쿼이아 열매로 팔찌만들기 & 나뭇잎으로 부엉이를 만들기
11	개구리친구 & 부채 만들기	- 개구리가 되는 과정 손책자 만들기(음악: 올챙이와 개구리) - 다양한 곤충과 나뭇잎, 씨앗을 찾으며 이동하기(음악: 그대로 멈춰라) - 나뭇잎 관찰하기 - 자연물로 부채 만들기
12	나뭇잎 가면 만들기 & 나뭇잎 열쇠고리 만들기	- 나무랑 곤충을 관찰하며 활동장소로 이동하기(음악: 향기를 모아서 선물해~) - 다양한 나뭇잎 관찰(향기나는 나뭇잎: 누리장나무, 촉감: 오동나무) - 나뭇잎 가면만들기(일본목련나무)&나뭇잎으로 물옮기기& - 나뭇잎 열쇠고리 만들기 - 흙놀이 - 강아지풀로 샤워하기
13	흙과 땅속생물 소중함 알기	- 흙 놀이(흙 파기. 용기에 담아보기. 체에 쳐서 그림그리기/ 음악: 거미가 줄을 타고 올라갑니다) - 지렁이 관찰한 후 지렁이집 만들어주기(음악: 두껍아 두껍아 헌집 줄게) - 종이로 매미접기

14	자연물에 대한 느낌 알아보기	- 나무 책갈피 만들기 - 부들씨앗 날려보기 - 흙이 만들어지는 과정 설명하기(음악: 바위돌 깨뜨려 돌덩이) - 물감으로 바위나 데크에 그림 그리기 - 지렁이 곤충 흙으로 만들어 나무에 붙이기
15	비온 뒤 숲속 엿보기	- 개구리 소리 나는 악기 만들기(음악: 개구리, 엄마개구리가 노래를 한다) - 곤충 살펴보기 - 나뭇잎배 만들어서 물웅덩이 띄어보기 - 밤송이 & 오동나무잎으로 옮겨보기 - 빗물 받아 물방울 튀겨보기
16	가을곤충 찾아보기	- 곤충의 눈으로 숲속 관찰하기(음악: 곤충송) - 가을들풀로 꽃다발 만들어 엄마께 선물하기 - 도토리팽이 만들기(음악: 도토리송)
17	숲속의 다양함 느껴보기	- 새들한테 밥상 차려주기(음악: 햇볕은 쨍쨍) - 씨앗의 다양함을 알아보고 소리를 모아 친구에게 전달하기 - 계수나무잎 향기 맡아보고 하늘로 날려보기 - 나무 브룻지 만들기
18	가을숲에서 만나는 숲속 보물찾기	두 명이 짝이 되어 숲속 보물찾기& 다양한 숲속 보물 만나보기(다양한 열매보기) - 박주가리 날려보기 - 스트로브잣나무 열매로 이어달리기(음악: 즐겁게 춤을 추다가) - 도토리 각두로 블록 쌓기& 도토리 각두로 볼링하기 - 잠자리 만들기(음악: 잠자리)
19	가을숲속으로 여행	- 숲속보물 찾아보기 - 멧돼지놀이(음악: 그대로 멈춰라) - 자연물 머리에 올리고 걸어보기(칡덩굴 화관 쓰고 달리기 & 꽈리에 솔방울 올리고 걷기 & 새똥 싸기) - 자연물로 액자꾸미기

20	숲속운동회	- 낙엽 축구공 만들어서 차기 - 솔방울 농구 - 칡 줄넘기 - 칡덩굴 줄다리기 - 나무 꾸미기(음악: 사과같은 내 얼굴)
21	알록달록 숲친구	- 다양한 나뭇잎을 줍고 관찰하며 지난주에 놀았던 곳 찾아가 놀아보기 - 멧돼지 놀이(안전한 숲길에 멧돼지가 나타났어요~) - 일본목련나뭇잎으로 가면 만들어 써보기 - 나뭇잎 꾸미기(줄에 집게로 꼽아서 작품 감상하기) - 솔방울로 눈이 오는 소나무를 표현하기 & 딱따구리 만들기 (음악: 딱따구리)

• 출처 : 김혜숙(2015). 장애아동가족을 위한 숲체험 음악프로그램 실천연구. 단국대학교 석사학위논문.

참고문헌

강경자(2005). 유아교육기관 미혼 원장의 '부모 교육하기'에 관한 내러티브 접근. 숙명여자대학교 박사학위논문.

강선보 외(2008). 인성교육. 양서원.

강현석 · 이자현(2006). 내러티브를 통한 교육과정 개발자로서의 교사 전문성의 재개념화. 교육과정연구, 24(1). pp 153-180.

고대현(2012). 숲해설가의 직무동기가 직무만족에 미치는 영향. 충북대학교 석사학위논문.

곽순내(2010). 지속적인 환경교육이 초등학생의 환경의식에 미치는 누적 효과 : 그린레인저 활동을 중심으로. 서울교육대학교 교육대학원 석사학위논문.

교육과학기술부(2012). "인성교육 비전 수립 및 실천방안 연구". 인성교육 비전 수립을 위한 정책연구 총론.

교육부(2013). 학교급별 인성교육 실태 및 활성화 방안.

교육부(2014). 2014년도 인성교육 강화 기본계획.

권영숙(2013). 볼르노의 시간과 공간에 대한 교육인간학적 고찰. 동아대학교 대학원 박사학위논문.

권준모(2005). 심리학과 교육. 서울: 학지사.

김문준 외(2011). 인문소양인증을 위한 인문 교양교육과정 개발 연구.

김선양(2011). 교육학개론. 한국학술정보간.

김성재 · 김후자 · 이경자 · 이선옥(2000). 포커스그룹 연구 방법. 서울: 현문사.

김애령(2009). 현상학과 해석학의 방법론적 적용의 문제: "체험연구"의 현상학적 토대와 해석학적 확장. 탈경계 인문학 2(1): 231-258.

김영철(2005). 청소년활동프로그램이 청소년의 사회적응능력 향상에 미치는 효과와 영향력 분석. 명지대학교 박사학위논문.

김재춘(2012). 실천적 인성교육이 반영된 교육과정 개발 방향 연구. 교육과학기술부 연구보고서.

김정화 · 이재연(2013). 어린이집 재원시간에 따른 유아의 일상적 스트레스와 어린이집 질적 수준의 중재효과. 한국보육지원학회지 9(2): 357-377.

김혜숙(2014). 생활주제와 통합된 유아다문화교육의 이론과 실제. 경기: 양서원.

박경희(2005). 숲 체험활동이 유아의 자아개념 발달에 미치는 영향. 동국대학교 교육대학원 석사학위논문.

박노권(1998). 에릭슨의 사회심리발달 8단계 이론의 분석. 신학과 현장 8(-). 187-226.

박연숙(2000). 근거이론의 고찰. 공주문화대학논문집 27: 299-311.

박진희 · 장남기(1998). 자아존중감 향상을 위한 ‘인지적 재구조화 전략’이 환경 단원의 학습에 미치는 효과. 환경 교육, 11(1). 237-249.

서혜정(2005). 초등학교 청소년단체 활동을 위한 교사업무지원시스템의 설계 및 구현. 서울교육대학교 석사학위논문.

송재홍 외(2013). 학교폭력의 예방 및 대책. 서울: 학지사.

신경림 역(2001). 질적연구 : 근거이론의 단계, Straus. A. & Corbin. J., Basics of Qualitative Research : Grounded Theory Procedures and Techniques, 서울: 현문사.

염지숙(1999). 유아들의 경험을 통해 본 유치원에서 1학년으로의 전이. 한국영유아보육학, 17. 405-427.

염지숙(2003). 교육 연구에서 내러터브 탐구(Narrative Inquiry)의 개념, 절차, 그리고 딜레마. 교육인류학 연구, 6(1). 119-140

유재봉 · 최승희(1991). 심리학개론. 서울: 박영사.

윤미애(2006). 회상 속의 유년과 유년의 회상-벤야민을 통해 본『나의 라임 오렌지 나무』. 비교문학 40: 205-225.

이병석 외(2010). 영유아 인성교육. 경기: 양서원.

이재영(2008). 학교숲을 활용한 환경교육. 학교숲과 환경교육. 91-111.

이종선·김춘경(2013). 동화구연을 통한 문학치료 프로그램이 유아의 일상적 스트레스와 자기존중감에 미치는 효과. 대한문학치료연구 3(1): 1-25.

이혜림 외(2004). 수업방법의 이론과 실제. 서울: 백산출판사

이희영(2005). 사회학 방법론으로서의 생애사 재구성: 행위이론의 관점에서 본 이론적 의의와 방법론적 원칙. 한국사회학 39(3): 120-148.

인청시교육청 창의인성교육과(2002). 창의인성교육 기본방향. 02-2100-6295.

장은영(2009). 생태교육이 초등학생의 환경의식에 미치는 영향 : 어린이 숲 리더 과정 프로그램 운용을 중심으로. 서울교육대학교 교육대학원 석사학위논문.

장은정(2005). 『무화과나무가 있는 집』의 작품창작의 실제. 단국대학교 대학원 석사학위논문.

전도근(2011). 인성교육. 서울: 학지사.

전영우 외(1999). 숲이 있는 학교, 우리강산 푸르게 푸르게 총서 3, 서울: 이채.

전영우(2002). 생태맹과 숲, 숲과 문화, 6(4). 27-30.

정재훈(2012). 우리나라 사회복지체계와 산림복지, 국립산림과학원 세미나 자료.

정창우(2013). 도덕과 교육의 이론과 쟁점. 서울: 울력.

정채봉(2000). 푸른 수평선은 왜 멀어지는가. 서울: 햇빛출판사.

조규성(2009). 아이들의 숲 체험과 그에 대한 인상적인 기억에 관한 질적 탐구. 환경교육, 제22권 제3호, 97-111.

조규성(2010). 숲교육 질적연구. 한국학술정보간

조규성(2010). 아이들은 숲에서 무엇을 배우는가. 성균관대학교 박사학위논문.

조규성(2012). 숲해설가로 산다는 것의 의미에 관한 내러티브 분석: 교육과 복지로서의 삶. 한국산림휴양학회지, 제16권 제3호, 117-128.

조규성(2013). 숲교육 청소년단체 활동의 현황에 관한 참여교사들의 인식 분석: 숲사랑소년단을 중심으로. 한국산림휴양학회지, 제17권 제4호, 19-32.

조규성(2015). '문학작품에 나타난 유아와 나무의 관계맺음의 의미'. 생태유아교육연구, 제14권 제1호, 29-50.

조규성 · 이훈병(2015). "인성교육", 산림교육전문가 공통교육과정 표준교재. 산림청.

조난심 외(2003). 도덕교육학 신론. 서울: 문음사.

조선영(2009). 숲해설가의 개인특성 및 사회환경 변인과 전문성의 관계. 서울대학교 석사학위논문.

진영은 역(2008). 교육상황에서 질적연구 수행하기, Hatch. A. J.(2002) Doing Qualitative Research in Education Settings, 서울: 학지사.

통계청(2011). 청소년통계. 통계청.

한국교육학회(1998). 인성교육. 서울: 문음사.

한국청소년단체협의회(2010). 청소년단체총람. 인천: 청협.

홍계숙, 유혜령(2001). 아동기의 비밀에 대한 현상학적 이해: 문학작품을 중심으로. 교육인류학연구 4(1): 169-198.

홍순정 외(2013). 전생애 인성교육. 경기: 양서원.

Borin, K. A.(2005). Nature places and story spaces: An exploration of children's stories about nature. the State University of New Jersey New Brunswick.

Carson, Rachel L저, 표정훈 (역)(2002). 자연의 경이로움에 대하여. 서울: 에코리브르.

Chawla, Louise(2002). Spot of Time: Manifold Ways of Being in Nature in Childhood. Kahn, Jr. Peter H. & Kellert Stephen R. (Ed.) (2002). Children and Nature. Cambridge, Massachusetts.

Coles, R.(1990). The spiritual life of children. Boston, MA: Houghton Mifflin Company.

Kahn, Jr. Peter H.(2002). Children's Affiliations with Nature: Structure, Development, and the Problem of Environmental Generational Amnesia. Kahn, Jr. Peter H. & Kellert Stephen R. (Ed.) (2002). Children and Nature. Cambridge, Massachusetts.

Kals, E., & Ittner, H.(2003). Children's environmental identity: Indicators and Behavioral impacts. In S. Clayton & S. Opotow (Eds.), Identity and the natural environment. Cambridga, MA: The MIT Press.

Katcher, Aaron(2002). Animals in Therapeutic Education: Guides into the Liminal State. Kahn, Jr. Peter H. & Kellert, Stephen R. (Ed.) (2002). Children and Nature. Cambridge, Massachusetts.

Kellert, Stephen R. & Wilson, Edward O.(Ed.) (1993). Biophilia Hypothesis. Washington, D. C.

Kellert, Stephen R.(2002). Experiencing Nature: Affective, Cognitive, and Evaluative Development in Children. Kahn, Jr. Peter H. & Kellert Stephen R. (Ed.) (2002). Children and Nature. Cambridge, Massachusetts.

Manen, M. (1990). Researching lived experience. 신경림 역(1994). 체험연구: 해석학적 현상학의 인간과학 연구방법론. 서울: 동녘.

Myers, Jr. Olin Eugene & Saunders, Carol D.(2002). Animals as Links tomard Developing Caring Relationships with the Natural World. Kahn, Jr. Peter H. & Kellert Stephen R.(Ed.) (2002). Children and Nature. Cambridge, Massachusetts.

Nevers, P., & Billmann, M. E.(2003). Moralizing trees: Anthropomorshism and Identity in children's relationship to nature. In S. Clayton & S. Opotow (Eds.), Identity and the natural environment. Cambridga, MA: The MIT Press.

Orr, D. W.(1992). Ecological literacy: Education and the transition to a postmodern world, SUNY.

Pestalozzi(1996). 은자의 황혼. 서울: 서문당.

Pyle, Robert Michael(2002). Eden in a Vacant Lot: Special Places, Species, and Kids in the Neighborhood of Life. Kahn, Jr. Peter H. & Kellert Stephen R. (Ed.) (2002). Children and Nature. Cambridge, Massachusetts.

Ricoeur, Paul(2000). 시간과 이야기2. 서울: 문학과지성사

Teasdall, W.(1999). The mystic heart. CA: New World Library.

Thomashow, Cynthia(2002). Adolescents and Ecological Identity: Attending to Wild Nature. Kahn, Jr. Peter H. & Kellert Stephen R. (Ed.) (2002). Children and Nature. Cambridge, Massachusetts.

Vasconcelos, J. M.(2002). Meu Pe de Laranja Lime. 박동원 역 (2005), 나의 라임오렌지 나무. 경기: 동녘.

Wilson, Edward O.(2005). 생명의 미래. 서울: 사이언스북스.

저자약력

조규성

(현) 신성대학교 유아교육과 조교수
숲교육연구소 소장
(전) 성균관대학교 교육학과 겸임교수
(전) (사)숲사랑소년단 실장

사진 제공 : (사)숲사랑소년단/ 구름산자연학교

인성교육, 숲에서 길을 찾다

•

초판 1쇄 인쇄 – 2017년 5월 20일
초판 1쇄 발행 – 2017년 5월 30일

•

저 자 – 조 규 성
발행인 – 김 의 용
발행처 – 교육아카데미
주 소 – 서울시 성북구 한천로 70길 15-1
전 화 – (02) 3142-9924(代)
(02) 967-9947
팩 스 – (02) 967-9948
E-mail – educa9937@naver.com
등 록 – 1996년 9월 6일 No. 2-2243

•

정가 14,000원